AF210610

© 2024 Mike Lohner
Verlag: BoD • Books on Demand GmbH, In de Tarpen
42, 22848 Norderstedt
Druck: Libri Plureos GmbH, Friedensallee 273, 22763
Hamburg
ISBN: 978-3-7597-7901-4

Depressionen sind scheisse!!!

Vorwort

"Depressionen sind scheisse" ist das Ergebnis einer langen und intensiven Reise durch die Tiefen meiner eigenen Erfahrungen mit Depression. In diesem Buch habe ich ausschließlich das festgehalten, was ich selbst erlebt und gelernt habe. Es ist mein ehrlicher Bericht, der keine Details auslässt, um anderen einen authentischen Einblick zu geben.

Gleichzeitig möchte ich, dass dieses Buch als Ratgeber dient – für Patienten, Angehörige und Freunde. Es soll helfen, das Stigmata zu brechen, das noch immer zu oft mit psychischen Erkrankungen verbunden ist. Indem ich meine Geschichte teile, hoffe ich, Verständnis und Mitgefühl zu fördern, und praktische Wege aufzuzeigen, wie man mit Depressionen und deren Auswirkungen umgehen kann.

Des Weiteren möchte ich Aufzeigen, dass es keine Schande ist, Hilfe zu suchen und offen über seine Kämpfe zu sprechen. Denn nur so können wir die Mauern des Schweigens und der Vorurteile niederreißen.

Einführung

Die Diagnose «Depression» ist verunsichernd und emotional sehr belastend. In diesem Buch beschreibe ich meine eigenen Erfahrungen mit der Diagnose Depression und wie ich sie bewältige.

Depression ist ein ernstes und komplexes Thema, das viele Menschen betrifft und wie es scheint werden es immer mehr, die damit zu kämpfen haben. Die Depression ist eine psychische Erkrankung, die durch anhaltende Gefühle von Traurigkeit, Niedergeschlagenheit, Hoffnungslosigkeit und Interessenverlust gekennzeichnet ist. Zu den häufigen Symptomen von Depressionen gehören Schlafprobleme, Appetitveränderungen also mehr, oder weniger Appetit, Energiemangel, Lustlosigkeit, Antriebslosigkeit, Schwierigkeiten mit der Konzentration und Entscheidungsfindung sowie das Gefühl der Wertlosigkeit, Verlust der Selbstachtung und das Vergessen der eigenen Bedürfnisse.

Depressionen können durch eine Kombination von genetischen, biologischen, sozialen und psychologischen Faktoren ausgelöst werden. Traumatische Lebensereignisse, chronischer Stress und ein Ungleichgewicht von Neurotransmittern im Gehirn können eine Rolle spielen. Es ist gut zu Wissen, das Depressionen behandelbar sind, es doch ein langer Weg sein kann, der gegangen wird. Die Behandlung kann psychotherapeutisch (wie kognitive Verhaltenstherapie) oder medikamentös (wie Antidepressiva) erfolgen. Eine Kombination aus beiden Ansätzen kann in einigen Fällen am effektivsten sein. Oft werden auch Psychosomatische Behandlungen angeboten, was sehr effektiv sein kann. Da jeder Patient individuelle Syptome hat, oder auf manche Therapien mehr oder weiger gut reagiert, ist es von jedem Einzelnen abhängig, welche Behandlung wie wirkt.

Leider besteht immer noch eine gewisse Stigmatisierung um die Depression und andere psychische Erkrankungen, was dazu führen kann, dass Betroffene zögern, Hilfe zu suchen. Sie fangen an sich zurückzuziehen, kapseln sich Sozial ab und es fehlt ihnen an Antrieb etwas für sich zu tun. Dies bedeutet aber keineswegs, dass wenn man mit der Behandlung zu lange wartet, weil die Scham überwiegt, oder es sich nicht selbst eingestehen kann, dass man Krank ist, dass es zu spät ist. Zu spät ist es nie mit einer Behandlung zu beginnen, es dauert vermutlich dann nur etwas länger. Aber, es gibt einen Weg aus der Depression. Es ist wichtig zu betonen, dass Depressionen ernst genommen werden müssen, und Betroffene sollten professionelle Hilfe in Anspruch zu nehmen, um angemessene Unterstützung und Behandlung zu erhalten.

Zu den Anfängen meiner Depression

Als ich zum ersten Mal bewusst bemerkte, dass etwas mit mir nicht stimmte, war ich verwirrt und dachte, es geht sicher gleich wieder vorbei und ist nur eine Momentane Erschöpfung. Doch noch nie habe ich mich so geirrt wie zu diesem Zeitpunkt, denn diese dauert mittlerweile schon 2 Jahre.

Ständig war ich niedergeschlagen und hoffnungslos, verspürte keinen Appetit und fand keine Freude an Dingen, die ich früher genossen hatte. Ich war irritiert und wusste nicht, was mit mir los war. Zudem war ich oft unkonzentriert und machte selbst auf der Arbeit Fehler, die mir sonst nie passiert sind. Ich beschloss meinen Hausarzt zu kontaktieren und erzählte ihm von meinen Symptomen und Beschwerden. Er riet mir, mich an einen Psychiater oder Psychologen zu wenden.

«Bin ich etwa verrückt?» war mein erster Gedanke. «Ich glaube jetzt geht's los...» Dennoch liess ich mich nach einer gewissen Zeit darauf ein und im Nachhinein war es eine sehr gute Entscheidung, die ich für mich getroffen habe.

Nach ausführlichen Untersuchungen durch Ärzte, Psychatern und einigen Sitzungen mit Psychologen wurde mir die Diagnose einer mittelschweren Depression gestellt. Es war im ersten Moment ein Schock, aber andererseits war ich froh, endlich zu wissen, was mit mir los war, so hatte ich eine Erklärung für mein Empfinden

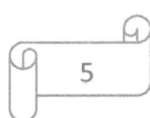

und mein Verhalten gegenüber anderen Menschen. Selbstverständlich hatte ich auch Angst vor der Stigmatisierung und Scham, die oft mit der Diagnose einer psychischen Erkrankung verbunden sind. Ich hatte Probleme damit, als "krank" oder "schwach" angesehen zu werden und dass ich nicht mehr in der Lage sein würde, meine täglichen Aufgaben zu bewältigen. Ich hatte auch Angst davor, wie Familie und Freunde auf die Diagnose reagieren würden.

Ich begann, mich über Depressionen zu informieren und stellte fest, dass sich viele der Symptome, die ich hatte, tatsächlich auf eine Depression zurückführen liessen. Offensichtlich hatten die Ärzte recht. Ich war häufig müde und antriebslos, konnte mich nicht gut konzentrieren und hatte oft das Gefühl, dass alles sinnlos war. Ich hatte auch Schwierigkeiten mit dem Einschlafen, bin nachts ständig wieder aufgewacht, bin aufgestanden, für mehrere Stunden im Wohnzimmer gesessen und habe ferngesehen. Ich habe mich oft isoliert und selbst das Einkaufen viel mir schwer. Einfach unter Leuten sein war eine Horrorvorstellung und ging überhaupt nicht mehr. Auf der anderen Seite fühlte ich mich dann wieder allein und hilflos. Wem sollte ich eigentlich von meiner Krankheit erzählen? Ich hatte das Gefühl, dass niemand mich verstehen würde. Wie kann ich jemanden erklären, wie ich mich fühle, wenn ich es selbst nicht begreife? Ob ich in dieser Phase Selbstmordgedanken hatte? Gott sei Dank nein, weil ich immer daran dachte, dass, wenn ich mir etwas antue, leidet meine Familie darunter und das wollte ich auf keinen Fall. Was ist, wenn dabei etwas schief geht? Dann bin ich am Ende noch eine Belastung für meine Liebsten. Manchmal jedoch, wenn ich abends zu Bett ging, dachte ich bei mir, wenn ich Morgen nicht mehr aufwachte, dann sei das auch gut. Ich hatte einfach keinen Sinn mehr in Allem gesehen.

Im Laufe der Zeit habe ich gelernt, dass ich nicht allein war mit der Krankheit, sondern dass es viele andere Menschen auch so ergeht, die mit ähnlichen Problemen zu kämpfen haben. Deshalb habe ich beschlossen mich auf die Behandlung einzulassen und darauf zu konzentrieren, mir Zeit zu nehmen, um mich zu Erholen. Dass die Genesung einer Depression ein langer Prozess ist, welcher vor allem Geduld erfordert, war mir bis dahin nicht wirklich bewusst. Ich dachte, ein paar Wochen Medis und es geht wieder aufwärts. Doch da habe ich die Rechnung ohne den Wirt gemacht, wie sich am Ende rausgestellt hat. Insgesamt war die Diagnose der Depression eine Herausforderung für mich, aber auch eine Gelegenheit für persönliches Wachstum und Selbstreflexion. Obwohl es nicht einfach war, die Diagnose zu akzeptieren, erkannte ich schließlich, dass es ein wichtiger Schritt auf meinem Weg zur Genesung ist. Für mich ist es wichtig, die Symptome zu identifizieren und Strategien zu entwickeln, um sie zu bewältigen. Indem ich meine Depression anerkannt und begonnen habe, ihr aktiv entgegenzutreten, habe ich gelernt, wie ich mein Leben wieder in den Griff bekomme und wieder Freude und Erfüllung finde.

Einer der schwersten Schritte war es, zu akzeptieren, dass ich nicht immer in der Lage war, meine Gefühle vollständig zu kontrollieren. Ich musste lernen, dass es okay ist, schlechte Tage zu haben und dass ich nicht immer stark zu sein brauche. Ich habe gelernt, wie ich in diesen Momenten auf mich selbst aufpassen und mir selbst helfen kann, meine Stimmung zu verbessern. Dabei helfen mir so genannte Skills und Strategien wie, Achtsamkeitsübungen, regelmäßige Spaziergänge und körperliche Aktivität in meinen Alltag zu integrieren. Es war nicht immer einfach, mich zu motivieren, aber ich bemerkte schnell, dass körperliche Aktivität tatsächlich eine große Rolle dabei spiele, meine Stimmung zu verbessern und meine Energie zu steigern. Was mir auch sehr geholfen hat war Musikhören. Mit Kopfhörern unterwegs zu sein, beispielsweise im Zug, lenkte mich ab. „vertraute Musik zu hören, ist so, als würde man einem alten Freund begegnen". Wer immer auch diesen Satz gesagt hat, liegt vollkommen richtig. Durch das Musikhören konnte ich auch das komische Gefühl abstellen, das ich hatte, dass mich die Leute ständig anstarrten, was aber gar nicht so war. So wichtig brauchte ich mich gar nicht nehmen. Eine Mitarbeiterin vom Psychologischen Dienst sagte mal zu mir, als wir über dieses Gefühl gesprochen haben, dass selbst wenn es so wäre, solle ich mir vorstellen, ich sei ein Promi. Und wenn ich der Lebensinhalt der Leute bin, dann haben diese wohl keine anderen Sorgen und ich solle mich doch darüber freuen. Hört sich im ersten Moment komisch an, aber genauso setzete ich es um und merkte schnell, dass die Menschen gar nicht an mir interessiert waren oder schlecht über mich redeten, oder mich beobachteten. Mittlerweile beobachte ich selbst auch Leute und gerne Grüße ich sie auch. Dadurch sind schon interessante Gespräche entstanden.

Ich habe gelernt, wie ich meine Gedanken und Emotionen identifizieren und damit umgehen kann. Negative Gedanken, Traurigkeit, Niedergeschlagenheit und Überzeugungen über mich selbst, oder meine Umwelt verstärkten die Depression und führten zu einem Teufelskreis. Durch das Umsetzen von kognitiven Verhaltenstechniken übte ich, wie ich meine Gedanken und Überzeugungen hinterfragen und ändern kann, um meine Stimmung und Perspektive zu verbessern. Sehr häufig kamen Symptome der Depression wie das Gefühl von Erschöpfung und Antriebslosigkeit. Ich fand es oft schwer, mich zu motivieren, etwas zu tun, selbst wenn es Dinge waren, die ich normalerweise gerne machte. Um damit umzugehen, bemühte ich mich, kleine Schritte zu unternehmen, wie z.B. mich zu «zwingen», aus dem Bett aufzustehen, um eine kleine Aufgabe zu erledigen. Ich versuchte auch, meine Tagesabläufe zu strukturieren und feste Zeiten für bestimmte Aktivitäten zu planen, um eine gewisse Routine und Regelmäßigkeit zu schaffen. Indem ich meine Tage strukturiere und mir Ziele setze, habe ich das Gespür von Kontrolle und Selbstfürsorge erlangt und das Gefühl der Hoffnungslosigkeit verringert, zumindest bis zu einem gewissen Mass. Allerdings durften die Ziele nicht unrealistisch sein, oder zur Überforderung führen. Kleine Schritte, wie schon erwähnt, sind die beste Methode und bringen mehr als zu glauben, dass man die Welt aus den Angeln heben könnte, nur weil man mal einen guten Tag hat. Geholfen haben mir beispielsweise auch Achtsamkeitsübungen.

Achtsamkeit ist eine Praxis, die dazu dient, im gegenwärtigen Moment präsent zu sein und bewusst wahrzunehmen, was um einen herum und in einem selbst geschieht. Sie kann zur Verbesserung des Wohlbefindens, zur Stressbewältigung und zur Steigerung der emotionalen Ausgeglichenheit beitragen.

Körperliche Achtsamkeit: Schliessen Sie die Augen und gehen Sie Ihre Sinne durch und spüren Sie, wie sich Ihr Körper anfühlt. Beachten Sie Spannungen, Entspannung, Hitze, Kälte oder andere Empfindungen. Dies kann Ihnen helfen, körperliche Anspannung zu erkennen und zu lösen. Hilfreich dabei ist es, die Schuhe auszuziehen und so den Boden zu spüren. Sie können sich auch auf eine Isomatte legen, wenn es ihnen mehr zusagt. Wichtig ist nur, dass sie sich wohlfühlen.

Sinneswahrnehmung: Nutzen Sie Ihre Sinne, um den Moment zu erleben. Hören Sie auf die Geräusche um Sie herum, riechen Sie die Düfte in der Luft, schmecken Sie bewusst, was Sie essen, fühlen Sie die Textur von Gegenständen oder die Berührung einer Umarmung. Laufen Sie Barfuss über eine Wiese.

Lassen Sie Ihre Gedanken kommen und gehen, ohne sich an sie zu klammern oder über sie zu urteilen. Stellen Sie sich Ihre Gedanken vor wie Wolken, die am Himmel vorbeiziehen. Konzentrieren Sie sich wieder auf Ihren Atem oder Ihre Sinneswahrnehmungen, wenn Sie merken, dass Sie von Gedanken abgelenkt werden.

Seien Sie freundlich zu sich selbst und akzeptieren Sie, was immer in diesem Moment geschieht, ohne es zu bewerten oder zu verurteilen. Wenn Sie negative Gefühle oder Gedanken haben, seien Sie mit sich selbst geduldig und mitfühlend.

Achtsamkeit in Beziehungen: Sie können Achtsamkeit auch in zwischenmenschlichen Beziehungen anwenden, indem Sie sich bewusst auf Ihr Gegenüber und die Kommunikation konzentrieren, anstatt gedanklich abzuschweifen oder abgelenkt zu sein. Achtsamkeit ist in der Tat eine vielschichtige Praxis, die viele Aspekte des Lebens und des Selbst erforscht. Es ist eine Methode, um eine bewusste Verbindung zum gegenwärtigen Moment herzustellen und eine tiefere Wahrnehmung von Gedanken, Emotionen, Körperempfindungen und der Umwelt zu entwickeln. Diese Vielschichtigkeit ermöglicht es Menschen, auf verschiedene Weisen von Achtsamkeit zu profitieren, sei es in Bezug auf Stressbewältigung, emotionales Wohlbefinden, persönliches Wachstum oder die Verbesserung zwischenmenschlicher Beziehungen. Es ist wichtig zu betonen, dass jeder seine eigene Art und Weise der Achtsamkeitspraxis finden kann, die am besten zu seinen individuellen Bedürfnissen und Zielen passt. Die Praxis kann im Laufe der Zeit weiterentwickelt und angepasst werden, und es gibt keine "richtige" oder "falsche" Art, Achtsamkeit zu praktizieren. Wichtig ist, dass Sie die Praxis als Werkzeug zur Verbesserung Ihres Wohlbefindens und zur Entwicklung eines bewussteren Lebensstils nutzen können. Am Ende des Buches werde ich ein paar Übungen einfügen, um ihnen einen kleinen Einblick zu geben.

Was ist der Unterschied zwischen Burnout und einer Depression?

Da ich kein ausgebildeter Psychologe oder Mediziner bin, habe ich das für mich so definiert:

Burnout und Depressionen sind zwei Begriffe, die oft miteinander verwechselt werden, da sie ähnliche Symptome aufweisen können. Es gibt jedoch einige wichtige Unterschiede zwischen diesen beiden Zuständen.

Burnout ist ein Zustand von emotionaler, körperlicher und geistiger Erschöpfung, der oft durch langfristigen Stress am Arbeitsplatz verursacht wird. Burnout kann zu einer verminderten Leistungsfähigkeit, einer Zunahme von Fehlern und einer Abnahme der Motivation führen. Zu den Symptomen von Burnout gehören Müdigkeit, Erschöpfung, Reizbarkeit und Schlafstörungen. Menschen mit Burnout können auch das Gefühl haben, dass ihre Arbeit sie überfordert und dass sie nicht in der Lage sind, ihre Aufgaben zu bewältigen.

Depression hingegen ist eine ernsthafte psychische Erkrankung, die durch eine anhaltende Niedergeschlagenheit und Interessenlosigkeit gekennzeichnet ist. Menschen mit Depressionen können Schwierigkeiten haben, alltägliche Aufgaben zu bewältigen und können das Gefühl haben, dass das Leben keinen Sinn mehr hat. Zu den Symptomen von

Depressionen gehören Traurigkeit, Hoffnungslosigkeit, Erschöpfung, Verlust von Interesse und Freude an Aktivitäten sowie Schlafstörungen.

Der wichtigste Unterschied zwischen Burnout und Depressionen besteht darin, dass Burnout in erster Linie durch Stress am Arbeitsplatz verursacht wird, während Depressionen eine tiefliegende Ursache haben können, wie genetische Faktoren, traumatische Erfahrungen oder ein chemisches Ungleichgewicht im Gehirn. Während Burnout in der Regel reversibel ist und durch Änderungen am Arbeitsplatz oder eine Pause vom Arbeitsplatz behandelt werden kann, erfordert die Behandlung von Depressionen normalerweise eine längerfristige, ganzheitliche Therapie, die Medikamente, Therapie und Lebensstiländerungen umfassen kann.

Weitere Unterschiede zwischen Burnout und Depressionen sind, dass Burnout in der Regel als eine Art Erschöpfungszustand im Zusammenhang mit der Arbeit auftritt, während Depressionen ein breiteres Spektrum von Symptomen und Ursachen haben können. Menschen mit Burnout können oft ein hohes Maß an Leistung erbracht haben und haben Schwierigkeiten, ein gesundes Gleichgewicht zwischen Arbeit und Leben zu finden. Im Gegensatz dazu können Menschen mit Depressionen Schwierigkeiten haben, Aufgaben zu erledigen und ihre täglichen Aktivitäten zu bewältigen.

Ein weiterer Unterschied zwischen Burnout und Depressionen ist, dass Burnout normalerweise ein vorübergehender Zustand ist, der durch Änderungen am Arbeitsplatz oder eine Pause vom Arbeitsplatz behandelt werden kann. Wenn jedoch eine Person anhaltendem Stress am Arbeitsplatz ausgesetzt bleibt, kann Burnout chronisch werden und schwerwiegender sein. Depressionen hingegen sind eine chronische Erkrankung, die oft eine langfristige Behandlung erfordert.

Ich möchte betonen, dass sowohl Burnout als auch Depressionen ernste Zustände sind, die professionelle Hilfe erfordern. Menschen, die glauben, dass sie Symptome von Burnout oder Depressionen haben, sollten sich an einen Arzt oder Therapeuten wenden, um eine genaue Diagnose zu erhalten und die bestmögliche Behandlung zu erhalten. Eine frühzeitige Intervention kann dazu beitragen, dass eine Person schneller und effektiver wieder auf den Weg der Genesung kommt.

Zusammenfassend lässt sich sagen, dass Burnout und Depressionen zwar ähnliche Symptome aufweisen können, aber unterschiedliche Ursachen und Behandlungsansätze haben. Es ist wichtig, dass Menschen, die Symptome von Burnout oder Depressionen haben, professionelle Hilfe suchen, um eine genaue Diagnose zu erhalten und eine wirksame Behandlung zu erhalten.

Wenn du das Gefühl hast, dass du an Burnout oder Depressionen leidest, solltest du unbedingt professionelle Hilfe suchen, um eine angemessene Diagnose und Behandlung zu erhalten.

Ängste in der Depression.

Was man bei Ängsten tun kann und wie ich damit umging.

Angst ist ein häufiges Symptom bei Depressionen und kann sehr belastend sein. Wenn du unter Ängsten in einer Depression leidest, gibt es einige Schritte, die du unternehmen kannst, um damit umzugehen:

Sprich mit einem professionellen Therapeuten: Ein erfahrener Therapeut kann dir helfen, die Ursachen deiner Ängste zu verstehen und dir Werkzeuge und Strategien anbieten, um damit umzugehen. Eine Therapieform, die oft bei Depressionen eingesetzt wird, ist die kognitive Verhaltenstherapie, die sich darauf konzentriert, negative Gedanken und Verhaltensmuster zu identifizieren und zu ändern.

Entspannungsübungen: Entspannungsübungen wie Yoga, Meditation, tiefe Atmung und progressive Muskelentspannung können dazu beitragen, den Körper und Geist zu beruhigen und Stress und Angst abzubauen.

Bewegung: Regelmäßige Bewegung kann dazu beitragen, Stimmung und Energie zu verbessern und Angst zu reduzieren. Versuche, mindestens dreimal pro Woche 30 Minuten moderate körperliche Aktivität wie Gehen, Schwimmen oder Radfahren in dein Leben zu integrieren.

Ernährung: Eine ausgewogene Ernährung kann dazu beitragen, Stress und Angstzustände zu reduzieren. Versuche, dich auf eine gesunde Ernährung mit viel Obst und Gemüse, Vollkornprodukten und magerem Eiweiß zu konzentrieren. Mittlerweile gibt es eine Vielzahl an Rezepten, die jeder nachkochen kann. Dafür muss du kein Profi sein.

Selbstfürsorge: Nimm dir Zeit für dich selbst und mache Dinge, die dir Freude bereiten. Vermeide übermäßigen Stress und übernimm nicht zu viele Verpflichtungen. Finde Wege, um dich zu entspannen und Stress abzubauen, wie z.B. ein warmes Bad, Lesen oder ein Hobby. Glaube nicht, dass die Welt ohne dich nicht existieren kann und du verantwortlich dafür bist, dass es anderen Gut geht. Der wichtigste Mensch in deinem Leben bist DU. Was nützt es dir, wenn du dich für andere aufopferst und dich selbst vergisst?

Eines der für mich wichtigsten Dinge, die ich gelernt habe, ist: «ICH MUSS GAR NICHTS!»

Achtsamkeit: Gehe achtsam mit dir selbst um. Probiere gewissen Dingen intensiv und mit offenen Augen zu begegnen. Beim Spazieren gehen beispielsweise setze einen Fuss vor den anderen und nehme so die Eindrücke um dich war. Du kannst dich auch entspannt auf das Sofa legen und beruhigende Musik hören mit geschlossenen Augen, um sie intensiv zu hören und zu fühlen.

Es ist wichtig, sich daran zu erinnern, dass es gibt keine schnelle Lösung gibt, Ängste in einer Depression zu überwinden. Aber mit Geduld und Beharrlichkeit können die obigen Strategien dazu beitragen, die Symptome zu reduzieren und dir helfen, dich besser zu fühlen. So habe ich es gemacht und setze es bis heute genauso um.

Wenn es um Depressionen geht, gibt es verschiedene Ängste, die man haben kann.

Hier sind einige der häufigsten Ängste, die Menschen mit Depressionen haben:

Angst vor Stigmatisierung: Viele Menschen haben Angst, sich anderen gegenüber zu öffnen, weil sie befürchten, dass sie stigmatisiert oder abgelehnt werden könnten. Diese Angst kann dazu führen, dass sie sich zurückziehen und sich alleine fühlen.

Angst vor dem Unbekannten: Eine Depression kann oft unvorhersehbar sein, was zu Angst und Unsicherheit führen kann. Menschen mit Depressionen können Angst davor haben, was als Nächstes passieren wird oder wie sie sich fühlen werden.

Angst vor der Zukunft: Menschen mit Depressionen können oft Angst davor haben, dass ihre Depressionen nie vorübergehen werden oder dass sie wiederkehren werden. Diese Angst kann dazu führen, dass sie sich hilflos oder hoffnungslos fühlen.

Angst vor sozialer Ablehnung: Menschen mit Depressionen können oft Angst davor haben, ihre Freunde und Familie zu verlieren oder dass sie aufgrund ihrer Depressionen nicht akzeptiert werden. Diese Angst kann dazu führen, dass sie sich zurückziehen und soziale Kontakte vermeiden.

Angst vor der Behandlung: Einige Menschen mit Depressionen können Angst davor haben, Hilfe zu suchen, weil sie befürchten, dass die Behandlung nicht funktionieren wird oder dass sie mit unangenehmen Nebenwirkungen verbunden sein wird.

Es ist gut zu wissen, dass es normal ist, Ängste in Bezug auf eine Depression zu haben. Wenn du das Gefühl hast, dass deine Ängste deine Fähigkeit beeinträchtigen, Hilfe zu suchen oder deine Depressionen zu bewältigen, solltest du mit deinem Arzt sprechen. Ein Arzt kann dir sicher dabei helfen einen Therapeuten zu finden der dich mit seiner Erfahrung dabei unterstützt, deine Ängste zu verstehen und Strategien anbieten und gemeinsam mit dir entwickeln, um damit umzugehen.

Medikamente

Mein Gott, wie habe ich mich anfangs dagegen gewehrt, Medikamente zu nehmen. Ich konnte nicht akzeptieren, krank zu sein, schliesslich ging es mir ja körperlich gut, bis auf die Schlafstörungen, die daraus resultierende Müdigkeit, die Antriebslosigkeit, die Konzentrationsschwäche, die Lustlosigkeit und die Aggressivität, welche ich von mir gar nicht kannte.

Nein, ich war nicht gesund!!!

Medikamente können bei der Behandlung von Depressionen eine wichtige Rolle spielen. Es gibt verschiedene Arten von Medikamenten, die für die Behandlung von Depressionen verwendet werden können, darunter Antidepressiva, stimmungsstabilisierende Medikamente und Stimulanzien. Es ist wichtig, die richtige Art von Medikamenten für jeden Patienten individuell auszuwählen, da jeder Mensch anders auf Medikamente reagiert. Ich nahm also Antidepressiva. Zuerst in kleinen Dosen. Doch die ersten Tabletten habe ich nicht vertragen. Mir war ständig übel und ich hatte Reflux. Deshalb nahm ich Magenblocker, um den Reflux zu reduzieren, doch diese sollte man nicht länger als sechs Wochen einnehmen, da sonst der Magen die Produktion von natürlicher Magensäure reduziert, oder im schlimmsten Fall komplett aussetzt. Also setzte ich die

Magenblocker wieder ab und stellte auf ein anderes Medikament um.

Antidepressiva sind eine der am häufigsten verwendeten Medikamentenarten zur Behandlung von Depressionen. Sie wirken, indem sie die Menge an Neurotransmittern wie Serotonin, Noradrenalin oder Dopamin im Gehirn erhöhen. Diese Neurotransmitter beeinflussen unsere Stimmung, unser Verhalten und unsere Emotionen. Antidepressiva können dazu beitragen, Symptome wie Traurigkeit, Hoffnungslosigkeit, Schlafstörungen und Müdigkeit zu reduzieren. Es kann jedoch einige Wochen dauern, bis die Wirkung von Antidepressiva spürbar ist, und es kann auch Nebenwirkungen geben, wie z.B. Übelkeit, Gewichtszunahme, sexuelle Dysfunktion oder Schlafstörungen.

Stimmungsstabilisierende Medikamente werden oft zur Behandlung von bipolarer Störung eingesetzt, können jedoch auch bei Depressionen nützlich sein. Sie helfen dabei, Stimmungsschwankungen auszugleichen und die Schwere der Depression zu reduzieren. Einige stimmungsstabilisierende Medikamente können jedoch auch Nebenwirkungen wie Schwindel, Übelkeit oder Gewichtszunahme verursachen.

Stimulanzien wie Methylphenidat oder Amphetamin können ebenfalls zur Behandlung von Depressionen eingesetzt werden. Sie erhöhen die Menge an Dopamin und Noradrenalin im Gehirn, was dazu beitragen kann, Energie und Motivation zu steigern und depressive

Symptome zu reduzieren. Stimulanzien können jedoch auch Nebenwirkungen wie Schlafstörungen, Appetitlosigkeit oder Angstzustände verursachen.

Es ist wichtig zu beachten, dass Medikamente allein keine vollständige Behandlung von Depressionen darstellen. Sie sollten immer in Kombination mit anderen Therapiemethoden wie Psychotherapie oder Verhaltensänderungen eingesetzt werden. Darüber hinaus sollte die Einnahme von Medikamenten immer unter der Aufsicht eines qualifizierten Arztes erfolgen, um mögliche Nebenwirkungen und Wechselwirkungen mit anderen Medikamenten zu minimieren.

Insgesamt können Medikamente bei der Behandlung von Depressionen sehr hilfreich sein. Sie können dazu beitragen, depressive Symptome zu reduzieren und die Lebensqualität der Betroffenen zu verbessern. Es ist jedoch wichtig, die richtige Art von Medikamenten auszuwählen und sie immer in Kombination mit anderen Therapiemethoden zu verwenden.

Therapien

Mit welchen Therapien habe ich mich auseinandergesetzt?

Da die Depression sehr belastend für mich war und immer noch ist, aber nicht mehr so intensiv wie vorher, da ich gelernt habe damit umzugehen und Skills anwende, die mich wieder entspannen. Ich hatte mich mit den verschiedensten Therapiemöglichkeiten auseinandergesetzt, die dazu beitragen können, die Krankheit zu bewältigen. Ich habe einige der für mich interessantesten Therapiemöglichkeiten zusammengefasst:

Kognitive Verhaltenstherapie (KVT) ist eine Art von Psychotherapie, die darauf abzielt, das Denken und Verhalten von Menschen zu verändern. Die KVT geht davon aus, dass unsere Gedanken und Überzeugungen unsere Gefühle und Verhaltensweisen beeinflussen. Wenn wir also negative Gedanken haben, können diese zu negativen Gefühlen und Verhaltensweisen führen. Die KVT hilft Menschen dabei, ihre negativen Denkmuster zu identifizieren und zu ändern, um ihre emotionalen Probleme zu lösen und ein besseres Leben zu führen.

Die KVT ist eine kurzzeitige Therapie, die in der Regel zwischen 6 und 20 Sitzungen dauert. Während dieser Sitzungen arbeiten der Therapeut und der Klient zusammen, um die spezifischen Gedanken und Verhaltensweisen zu identifizieren, die das Problem

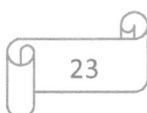

verursachen. Der Therapeut nutzt dann eine Reihe von Techniken, um dem Klienten zu helfen, diese Gedanken und Verhaltensweisen zu ändern. Zu den Techniken der KVT gehören beispielsweise kognitive Umstrukturierung, Verhaltensaktivierung, Expositionstherapie und Entspannungstechniken.

In der kognitiven Umstrukturierung geht es darum, negative Gedanken in positive umzuwandeln. Der Therapeut fordert den Klienten auf, sich bewusst zu werden, welche Gedanken er in bestimmten Situationen hat, und ihm dann dabei zu helfen, diese Gedanken in positive und realistische Gedanken umzuwandeln. Verhaltensaktivierung bedeutet, dass der Therapeut den Klienten dazu ermutigt, mehr Aktivitäten zu unternehmen, die ihm Freude bereiten, um so positive Gefühle zu fördern. Die Expositionstherapie beinhaltet das schrittweise Heranführen des Klienten an Situationen, die ihm Angst machen, um seine Reaktionen darauf zu verbessern. Entspannungstechniken wie progressive Muskelentspannung und Achtsamkeit können helfen, Stress abzubauen und negative Gefühle zu reduzieren.

Die KVT hat sich als wirksam bei der Behandlung einer Vielzahl von emotionalen Problemen erwiesen, darunter Depressionen, Angststörungen, Zwangsstörungen und posttraumatische Belastungsstörungen. Die KVT ist eine evidenzbasierte Therapie, die auf wissenschaftlichen Erkenntnissen und Forschungsergebnissen basiert.

In der Zusammenfassung lässt sich sagen, dass die Kognitive Verhaltenstherapie eine wirksame Methode ist, um negative Denkmuster und Verhaltensweisen zu ändern, die zu emotionalen Problemen führen. Durch die Veränderung der Gedanken und Verhaltensweisen können Menschen in der Lage sein, ihr Leben zu verbessern und ein glücklicheres und erfüllteres Leben zu führen.

Interpersonelle Therapie (IPT) ist eine Art von Psychotherapie, die darauf abzielt, Beziehungsprobleme und zwischenmenschliche Konflikte zu behandeln. IPT geht davon aus, dass unsere zwischenmenschlichen Beziehungen ein wichtiger Faktor für unsere psychische Gesundheit sind. Wenn wir also Probleme in unseren Beziehungen haben, kann dies zu emotionalen Problemen und psychischen Störungen führen. Die IPT hilft Menschen dabei, ihre Beziehungsprobleme zu lösen und ein besseres soziales Unterstützungssystem aufzubauen.

IPT ist eine kurzzeitige Therapie, die normalerweise zwischen 12 und 16 Sitzungen dauert. Während dieser Sitzungen arbeiten der Therapeut und der Klient zusammen, um die spezifischen zwischenmenschlichen Probleme zu identifizieren, die das Problem verursachen. Der Therapeut nutzt dann eine Reihe von Techniken, um dem Klienten zu helfen, diese Probleme zu lösen. Zu den Techniken der IPT gehören beispielsweise psychoedukative Ansätze, rollenspielbasierte Übungen,

Konfliktlösungstechniken und Unterstützung bei der Bildung von Beziehungen.

In der psychoedukativen Phase der IPT lernt der Klient, wie zwischenmenschliche Beziehungen funktionieren und welche Rolle sie bei der psychischen Gesundheit spielen. Der Therapeut hilft dem Klienten dabei, seine zwischenmenschlichen Muster und Stile zu identifizieren, die zu Konflikten und Problemen in seinen Beziehungen führen können. Rollenspielbasierte Übungen helfen dem Klienten dabei, neue Fähigkeiten und Verhaltensweisen zu erlernen, die dazu beitragen, Beziehungsprobleme zu lösen. Konfliktlösungstechniken helfen dem Klienten dabei, zwischenmenschliche Konflikte zu lösen und Probleme zu bewältigen. Schließlich hilft der Therapeut dem Klienten, ein stärkeres soziales Unterstützungssystem aufzubauen, indem er ihm dabei hilft, neue Beziehungen zu knüpfen oder bestehende Beziehungen zu verbessern.

IPT hat sich als wirksam bei der Behandlung einer Vielzahl von psychischen Störungen erwiesen, darunter Depressionen, Angststörungen, Essstörungen und posttraumatische Belastungsstörungen. IPT ist eine evidenzbasierte Therapie, die auf wissenschaftlichen Erkenntnissen und Forschungsergebnissen basiert.

Hier lässt sich sagen, dass die Interpersonelle Therapie eine wirksame Methode ist, um zwischenmenschliche Konflikte und Beziehungsprobleme zu lösen, die zu emotionalen Problemen und psychischen Störungen führen können. Durch die Verbesserung der zwischenmenschlichen Beziehungen können Menschen in der Lage sein, ihre psychische Gesundheit zu verbessern und ein glücklicheres und erfüllteres Leben zu führen.

Progressive Muskel Relation (PMR)

Progressive Muskelrelaxation ist eine Entspannungstechnik, die vom amerikanischen Arzt Edmund Jacobson in den frühen 1920er Jahren entwickelt wurde. Das Ziel der PMR ist es, Muskelspannung zu reduzieren und dadurch körperliche und seelische Entspannung zu fördern. Diese Methode basiert auf der systematischen Anspannung und anschließenden Entspannung verschiedener Muskelgruppen im Körper.

Die Grundidee hinter der progressiven Muskelrelaxation ist, dass körperliche Entspannung auch zu mentaler Entspannung führen kann. Personen, die PMR praktizieren, lernen, die Spannung in ihren Muskeln bewusst wahrzunehmen und zu kontrollieren. Dies kann insbesondere bei Stress, Angstzuständen und Schlafproblemen hilfreich sein.

Die Technik beinhaltet in der Regel folgende Schritte:

Anspannung einer Muskelgruppe: Diese Anspannung wird für etwa 5 bis 10 Sekunden gehalten.

Entspannung der Muskelgruppe: Nach der Anspannung wird die Muskelgruppe bewusst entspannt und die Entspannung für etwa 15 bis 20 Sekunden beibehalten.

Wahrnehmung des Kontrasts: Der Übende nimmt den Unterschied zwischen der Anspannung und der Entspannung wahr, was das Bewusstsein für körperliche Zustände schärft.

PMR kann von den meisten Menschen leicht erlernt werden und erfordert keine spezielle Ausrüstung, was sie zu einer zugänglichen Methode für Stressabbau und Entspannung macht.

Progressive Muskelrelaxation: Ein Weg zu innerer Ruhe und körperlichem Wohlbefinden

In unserer hektischen Welt, wo Stress und Druck allgegenwärtig sind, suchen viele Menschen nach Wegen, um Entspannung und seelisches Gleichgewicht zu finden. Die Progressive Muskelrelaxation (PMR), entwickelt vom amerikanischen Arzt Edmund Jacobson in den frühen 1920er Jahren, bietet eine effektive Technik, um genau das zu erreichen.

Grundlagen der PMR

Die Methode der Progressiven Muskelrelaxation basiert auf einem einfachen Prinzip: Die gezielte Anspannung und anschließende Entspannung verschiedener Muskelgruppen können zu einer tiefen körperlichen und mentalen Entspannung führen. Diese Technik hilft, die oft unbewusste Verbindung zwischen körperlicher Anspannung und psychischem Stress zu lösen.

Jacobson entdeckte, dass körperliche Entspannung nahezu automatisch zu einer Reduzierung von Stress und Angstzuständen führt. Indem man lernt, die Muskeln systematisch zu entspannen, wird dieser Effekt genutzt, um sowohl den Körper als auch den Geist zu beruhigen.

Anwendung der PMR.

Die Anwendung der Progressiven Muskelrelaxation ist denkbar einfach und lässt sich in jeden Alltag integrieren. Üblicherweise beginnt man bei den Muskeln der unteren Extremitäten und arbeitet sich nach oben vor:

Anspannen: Die jeweilige Muskelgruppe wird für etwa 5 bis 10 Sekunden fest angespannt, ohne dabei zu sehr zu verkrampfen.

Entspannen: Anschließend lässt man die Anspannung abrupt los und konzentriert sich für etwa 15 bis 20 Sekunden auf das Gefühl der Entspannung.

Wiederholung: Dieser Prozess wird für jede Muskelgruppe wiederholt, wobei man sich auf das Gefühl des Kontrastes zwischen Anspannung und Entspannung fokussiert.

Experten empfehlen, die Progressive Muskelrelaxation regelmäßig zu praktizieren, idealerweise täglich. Die regelmäßige Ausführung der Übungen verbessert nicht nur die Fähigkeit zur Entspannung, sondern kann auch

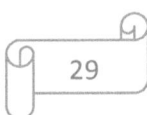

langfristig zu einer Verringerung von Stressreaktionen führen.

Vorteile der PMR

Die Vorteile der Progressiven Muskelrelaxation sind vielfältig. Studien haben gezeigt, dass regelmäßige PMR-Praxis zu einer Reduzierung von Stress, Angst und Schlafstörungen führt. Darüber hinaus kann sie helfen, Blutdruck zu senken, Kopfschmerzen zu lindern und die allgemeine Lebensqualität zu verbessern.

In einer Zeit, in der Achtsamkeit und Selbstfürsorge immer mehr an Bedeutung gewinnen, bietet die Progressive Muskelrelaxation eine einfache und effektive Methode, um körperliche und seelische Gesundheit zu fördern.

Integration der PMR in den Alltag

Die Integration der Progressiven Muskelrelaxation in den Alltag kann eine Herausforderung sein, besonders für Menschen mit engen Zeitplänen. Dennoch gibt es flexible Wege, diese nützliche Praxis zu adaptieren:

Kurze Sitzungen: Man muss nicht immer eine vollständige Sitzung durchführen, die alle Muskelgruppen umfasst. Auch kurze Sitzungen, die sich auf bestimmte Bereiche wie den Nacken und die Schultern konzentrieren, können effektiv sein.

Morgenroutine: Einige Minuten PMR nach dem Aufwachen können den Ton für einen entspannten Tag setzen.

Abendentspannung: Vor dem Schlafengehen durchgeführt, kann PMR helfen, den Geist zu beruhigen und die Schlafqualität zu verbessern.

Pausen bei der Arbeit: Einige Minuten PMR während der Arbeitspause können dazu beitragen, die Ansammlung von Stress über den Tag zu vermeiden und die Produktivität zu steigern.

Wissenschaftliche Unterstützung

Die Wirksamkeit der Progressiven Muskelrelaxation ist durch zahlreiche wissenschaftliche Studien belegt. Forschungen zeigen, dass PMR besonders wirksam bei der Reduzierung von Stress und Angst ist. Es hat sich gezeigt, dass diese Technik die Symptome von chronischen Schmerzen, wie bei Fibromyalgie und Arthritis, mildern kann und eine unterstützende Rolle in der Behandlung von Depressionen spielt.

Praktische Tipps für die Durchführung

Für diejenigen, die mit der Progressiven Muskelrelaxation beginnen möchten, hier einige Tipps für die erfolgreiche Praxis:

Regelmäßigkeit: Regelmäßige Übung ist der Schlüssel zum Erfolg. Es ist besser, täglich kürzere Sitzungen zu praktizieren als gelegentlich längere.

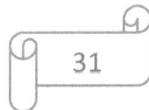

Ruhige Umgebung: Üben Sie in einer ruhigen Umgebung, um die Effektivität der Entspannung zu maximieren.

Bequeme Kleidung: Tragen Sie lockere, bequeme Kleidung und entfernen Sie störende Accessoires wie Uhren oder Schmuck.

Achtsamkeit: Versuchen Sie, während der Übung ganz bei sich zu sein und sich auf die Empfindungen in den jeweiligen Muskelgruppen zu konzentrieren.

Die Progressive Muskelrelaxation ist mehr als nur eine Methode zur Stressbewältigung; sie ist ein Weg zu einem ausgeglicheneren, gesünderen Lebensstil. Durch ihre einfache Anwendbarkeit und die sofort spürbaren Effekte kann sie eine wertvolle Bereicherung für das Leben jedes Einzelnen sein. Ob zur Linderung von Schmerzen, zur Verbesserung des Schlafs oder einfach zur täglichen Entspannung – PMR ist ein Werkzeug, das hilft, das Wohlbefinden auf einfache und effektive Weise zu steigern.

Die Wirkung von Kunsttherapie bei der Behandlung von Depressionen

Wie erwähnt gehören Depressionen zu den am weitest verbreiteten psychischen Erkrankungen weltweit. Sie können sich in einer Vielzahl von Symptomen äußern, darunter anhaltende Traurigkeit, Hoffnungslosigkeit, Antriebslosigkeit und Verlust des Interesses an zuvor geliebten Aktivitäten. Während herkömmliche Behandlungen wie Psychotherapie und Medikamente oft wirksam sind, gibt es ein wachsendes Interesse an ergänzenden Therapien, die alternative Heilmethoden integrieren. Eine solche Methode ist die Kunsttherapie. Dieser Artikel beleuchtet die Wirkung der Kunsttherapie bei der Behandlung von Depressionen und untersucht, wie sie zur Verbesserung des psychischen Wohlbefindens beitragen kann.

Was ist Kunsttherapie?

Kunsttherapie ist eine Form der Psychotherapie, die kreative Ausdrucksformen wie Malen, Zeichnen, Bildhauerei und andere künstlerische Tätigkeiten nutzt, um emotionale und psychische Probleme zu behandeln. Sie basiert auf der Idee, dass der kreative Prozess helfen kann, Gefühle zu verarbeiten und auszudrücken, die sonst schwer in Worte zu fassen sind. Kunsttherapeuten sind speziell ausgebildete Fachkräfte, die Patienten durch den kreativen Prozess begleiten und unterstützen, um tiefere Einsichten und emotionale Heilung zu fördern.

Die Kunsttherapie kann auf verschiedene Weise zur Linderung von Depressionen beitragen:

Emotionale Ausdruckskraft

Menschen mit Depressionen haben oft Schwierigkeiten, ihre Gefühle auszudrücken oder zu verstehen. Kunst bietet eine non-verbale Form des Ausdrucks, die es den Betroffenen ermöglicht, ihre inneren Zustände visuell darzustellen. Diese Ausdrucksform kann befreiend wirken und dazu beitragen, verborgene oder unterdrückte Emotionen zu identifizieren und zu verarbeiten.

Der Zugang zu inneren Gefühlen ist eine der zentralen Wirkmechanismen der Kunsttherapie. Es ist die Fähigkeit, einen Zugang zu den inneren Gefühlen und Emotionen der Patienten zu schaffen. Viele Menschen, die an Depressionen leiden, haben Schwierigkeiten, ihre Gefühle zu verbalisieren. Worte können oft nicht ausreichen, um die Tiefe und Komplexität ihrer emotionalen Zustände zu beschreiben. In der Kunsttherapie hingegen können Patienten ihre Gefühle auf eine non-verbale Weise ausdrücken, indem sie Farben, Formen und Symbole verwenden, um ihre inneren Erfahrungen darzustellen.

Die Sprache der Kunst

Kunst bietet eine universelle Sprache, die über kulturelle und sprachliche Barrieren hinweg verstanden werden kann. In der Kunsttherapie können Patienten durch ihre Werke kommunizieren, was sie vielleicht nicht in Worte fassen können. Ein Bild kann Trauer, Wut, Angst oder Freude auf eine Weise darstellen, die Worte nicht erfassen können. Diese visuelle Ausdrucksform ermöglicht es den Patienten, tief verborgene Gefühle zu identifizieren und auszudrücken, was ein erster Schritt zur emotionalen Heilung sein kann. Die Kunst bietet eine universelle Ausdrucksform, die über kulturelle, sprachliche und soziale Barrieren hinweg verstanden werden kann. Anders als gesprochene oder geschriebene Sprache ist Kunst nicht auf Worte beschränkt. Farben, Formen, Texturen und Kompositionen können Emotionen, Gedanken und Erfahrungen ausdrücken, die sonst schwer zu kommunizieren sind. Diese non-verbale Sprache ermöglicht es Menschen, ihre inneren Zustände auf eine Weise zu artikulieren, die für sie intuitiv und natürlich ist.

Symbolik und Metaphern

Kunstwerke enthalten oft Symbole und Metaphern, die tiefe emotionale und psychologische Bedeutungen haben. Ein einfaches Bild kann durch seine Symbolik eine ganze Geschichte erzählen oder eine Vielzahl von Gefühlen ausdrücken. Zum Beispiel kann ein Gemälde eines stürmischen Meeres innere Turbulenzen und emotionalen Aufruhr symbolisieren, während ein Bild eines ruhigen Waldes Frieden und Gelassenheit ausdrücken kann. In der Kunsttherapie hilft der Therapeut dem Patienten, diese Symbole zu interpretieren und die verborgenen Bedeutungen zu erkunden, die in ihren Kunstwerken enthalten sind.

Non-verbale Kommunikation

In der Kunsttherapie dient die Kunst als Mittel der non-verbalen Kommunikation zwischen dem Patienten und dem Therapeuten. Viele Menschen, die unter Depressionen leiden, finden es schwierig, ihre Gefühle in Worte zu fassen. Durch die Kunst können sie dennoch kommunizieren. Der Therapeut kann durch die Analyse der Kunstwerke Einblicke in die emotionale und psychologische Verfassung des Patienten gewinnen. Diese non-verbale Kommunikation kann besonders wertvoll sein, wenn Worte versagen oder wenn der Patient sich nicht in der Lage fühlt, seine Gefühle direkt zu äußern.

Nonverbale Kommunikation ist ein wesentlicher Bestandteil der menschlichen Interaktion, insbesondere wenn verbale Ausdrucksformen nicht ausreichen oder nicht möglich sind. In der Kunsttherapie spielt die nonverbale Kommunikation eine zentrale Rolle, da sie es den Patienten ermöglicht, ihre Gefühle, Gedanken und Erfahrungen, ohne den Einsatz von Worten auszudrücken. Dieser Artikel untersucht die Bedeutung und die Mechanismen der nonverbalen Kommunikation in der Kunsttherapie und wie sie zur Behandlung von Depressionen beitragen kann.

Nonverbale Kommunikation umfasst alle Formen des Ausdrucks, die ohne Worte auskommen, einschließlich Körpersprache, Mimik, Gestik, sowie visuelle und künstlerische Ausdrucksformen. In der Kunsttherapie nutzen Patienten Kunstwerke, um ihre inneren Zustände zu kommunizieren. Diese visuelle Sprache kann tiefere emotionale Ebenen ansprechen und Aspekte des Selbst offenbaren, die durch verbale Kommunikation nicht erreicht werden können.

Der kreative Prozess als Ausdrucksmittel

Der kreative Prozess in der Kunsttherapie bietet eine Vielzahl von Möglichkeiten für nonverbale Kommunikation. Indem Patienten malen, zeichnen, formen oder andere künstlerische Tätigkeiten ausüben, können sie ihre inneren Gefühle und Gedanken nach außen projizieren. Dieser Prozess ermöglicht es ihnen, komplexe emotionale Zustände zu erkunden und darzustellen, die sonst schwer in Worte zu fassen sind. Durch die Auswahl von Farben, Formen und Materialien können Patienten subtile Nuancen ihrer emotionalen und psychologischen Landschaft ausdrücken.

Die Rolle des Kunsttherapeuten

Der Kunsttherapeut spielt eine entscheidende Rolle bei der Interpretation und Unterstützung der nonverbalen Kommunikation der Patienten. Therapeuten sind geschult darin, die symbolischen und metaphorischen Bedeutungen in den Kunstwerken ihrer Patienten zu erkennen. Sie bieten einen sicheren Raum, in dem Patienten ihre Kunstwerke frei und ohne Urteil schaffen können. Durch gezielte Fragen und Reflexionen helfen Therapeuten den Patienten, die verborgenen Bedeutungen ihrer Kunstwerke zu verstehen und ihre emotionalen und psychologischen Themen zu bearbeiten.

Beispiele nonverbaler Kommunikation in der Kunsttherapie

Farbauswahl: Die Farben, die ein Patient in seinen Kunstwerken verwendet, können viel über seine emotionalen Zustände aussagen. Dunkle Farben wie Schwarz und Grau können Gefühle von Traurigkeit oder Hoffnungslosigkeit ausdrücken, während helle Farben wie Gelb und Blau positive Emotionen wie Freude und Frieden symbolisieren können.

Formen und Strukturen: Die Formen und Strukturen in den Kunstwerken können ebenfalls wichtige Hinweise auf die inneren Zustände des Patienten geben. Chaotische, unregelmäßige Formen können auf innere Unruhe oder Verwirrung hinweisen, während klare, geordnete

Strukturen ein Gefühl von Kontrolle und Stabilität vermitteln können.

Symbolik: Symbole und Metaphern sind häufige Elemente in der Kunsttherapie. Ein Baum kann beispielsweise Wachstum und Leben symbolisieren, während ein gebrochenes Glas Zerbrechlichkeit und Verletzlichkeit ausdrücken kann. Die Interpretation dieser Symbole kann tiefere Einblicke in die emotionalen Zustände und Erfahrungen des Patienten bieten.

Therapeutische Techniken zur Förderung nonverbaler Kommunikation

Kunsttherapeuten setzen verschiedene Techniken ein, um die nonverbale Kommunikation zu fördern und zu vertiefen:

Freies Gestalten: Patienten werden ermutigt, frei und ohne Vorgaben zu gestalten, um ihren inneren Ausdruck zu maximieren.

Thematische Aufgaben: Spezifische Themen oder Fragestellungen können den kreativen Prozess leiten und helfen, bestimmte emotionale oder psychologische Themen zu erkunden.

Reflexion und Diskussion:

Nach dem kreativen Prozess werden die Kunstwerke gemeinsam betrachtet und besprochen, um die nonverbalen Botschaften zu verstehen. Die Nonverbale Kommunikation ist ein kraftvolles Werkzeug in der

Kunsttherapie, das es ermöglicht, tiefe emotionale und psychologische Zustände auszudrücken und zu verstehen. Durch den kreativen Prozess können Patienten ihre inneren Gefühle und Gedanken auf eine Weise kommunizieren, die über Worte hinausgeht. Kunsttherapeuten spielen eine zentrale Rolle bei der Unterstützung und Interpretation dieser nonverbalen Ausdrucksformen, was zur Heilung und zum emotionalen Wohlbefinden der Patienten beiträgt. Die nonverbale Kommunikation in der Kunsttherapie bietet somit einen einzigartigen und effektiven Ansatz zur Behandlung von Depressionen und anderen psychischen Erkrankungen.

Emotionale Resonanz und Identifikation

Kunst hat die Fähigkeit, auf emotionaler Ebene zu resonieren und eine tiefe Identifikation hervorzurufen. Patienten können in ihren Kunstwerken Aspekte ihrer selbst und ihrer Erfahrungen erkennen, die ihnen zuvor nicht bewusst waren. Diese Resonanz kann ein Gefühl der Bestätigung und des Verstehens vermitteln, das therapeutisch sehr wertvoll ist. Durch die Schaffung und Betrachtung von Kunstwerken können Patienten ihre Emotionen und inneren Zustände auf eine Weise reflektieren, die sowohl heilend als auch aufschlussreich ist.

Kreativer Ausdruck und Freiheit

Die Kunst bietet eine Plattform für kreativen Ausdruck und Freiheit, die in der verbalen Kommunikation oft nicht vorhanden ist. In der Kunsttherapie haben Patienten die Freiheit, zu experimentieren und ihre Kreativität ohne Angst vor Bewertung oder Kritik auszuleben. Diese Freiheit kann besonders befreiend wirken und dazu beitragen, emotionale Blockaden zu lösen. Der kreative Prozess ermöglicht es den Patienten, ihre Gefühle und Gedanken auf eine unbeschwerte und spontane Weise auszudrücken, was oft zu einer tiefen emotionalen Katharsis führt.

Therapeutische Interventionen durch Kunst

Kunsttherapeuten nutzen die Sprache der Kunst, um therapeutische Interventionen zu gestalten. Sie können spezifische künstlerische Aufgaben oder Themen vorgeben, die den Patienten helfen, bestimmte emotionale oder psychologische Themen zu erkunden. Zum Beispiel könnte ein Therapeut den Patienten bitten, ein Bild ihrer Familie zu malen, um familiäre Dynamiken und Beziehungen zu untersuchen. Durch diese gezielten Interventionen können tiefere Einblicke gewonnen und therapeutische Ziele erreicht werden.

Förderung von Selbstbewusstsein und Selbstreflexion

Durch die Sprache der Kunst können Patienten ihr Selbstbewusstsein und ihre Selbstreflexion fördern. Der Prozess des Kunstschaffens erfordert, dass die Patienten

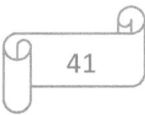

sich mit ihren inneren Gedanken und Gefühlen auseinandersetzen und diese nach außen projizieren. Diese Projektion kann dazu führen, dass sie sich ihrer eigenen Emotionen und inneren Konflikte bewusster werden. Das Betrachten und Besprechen ihrer Kunstwerke können zudem zu einer tieferen Selbstreflexion führen und ihnen helfen, ein besseres Verständnis ihrer selbst zu entwickeln.

Die Sprache der Kunst ist ein mächtiges Werkzeug in der Kunsttherapie, das es ermöglicht, tiefe emotionale und psychologische Zustände auszudrücken und zu verstehen. Durch Symbole, Metaphern und non-verbale Kommunikation bietet die Kunst eine einzigartige Möglichkeit, emotionale Blockaden zu überwinden und inneres Wachstum zu fördern. Diese universelle Ausdrucksform ist besonders wertvoll für Menschen, die unter Depressionen leiden und Schwierigkeiten haben, ihre Gefühle in Worte zu fassen. Die Kunsttherapie nutzt die Sprache der Kunst, um Heilung und Wohlbefinden auf einer tiefen und bedeutungsvollen Ebene zu fördern.

Verarbeitung und Reflexion

Der kreative Prozess in der Kunsttherapie ermöglicht es den Patienten, ihre Gefühle nicht nur auszudrücken, sondern auch zu verarbeiten und zu reflektieren. Durch das Erschaffen von Kunstwerken können sie ihre Emotionen aus einer neuen Perspektive betrachten. Diese Reflexion kann zu einem besseren Verständnis ihrer emotionalen Zustände führen und ihnen helfen, Muster und Auslöser ihrer Depression zu erkennen. Der Therapeut unterstützt diesen Prozess, indem er Fragen stellt und den Patienten dazu ermutigt, über die Bedeutung und die Gefühle, die in ihren Kunstwerken zum Ausdruck kommen, nachzudenken.

Reduktion von emotionalem Stress

Der Akt des künstlerischen Schaffens kann auch eine beruhigende und stressreduzierende Wirkung haben. Der kreative Prozess selbst kann als Ventil für aufgestaute Emotionen dienen. Durch das Malen, Zeichnen oder Gestalten können Patienten Spannungen abbauen und eine Form der emotionalen Katharsis erleben. Dieser Prozess kann helfen, den emotionalen Stress, der oft mit Depressionen einhergeht, zu lindern und ein Gefühl der Erleichterung zu bieten.

Förderung des emotionalen Ausdrucks in der Therapie

Kunsttherapeuten spielen eine entscheidende Rolle dabei, den emotionalen Ausdruck ihrer Patienten zu fördern. Sie schaffen einen sicheren und unterstützenden Raum, in dem Patienten frei experimentieren und ihre Kreativität entfalten können. Durch gezielte Anleitungen und Techniken helfen Therapeuten den Patienten, ihre Gefühle zu kanalisieren und in ihre Kunstwerke einfließen zu lassen. Die therapeutische Beziehung und das Vertrauen zwischen Patient und Therapeut sind dabei von großer Bedeutung.

Kunst als Spiegel der Seele

In der Kunsttherapie wird Kunst oft als Spiegel der Seele betrachtet. Die Werke, die Patienten schaffen, reflektieren ihre inneren Zustände und Emotionen. Dieses Spiegelbild kann ihnen helfen, sich selbst besser zu verstehen und eine Verbindung zu ihren Gefühlen herzustellen. Die visuelle Darstellung ihrer Emotionen kann auch eine wertvolle Grundlage für die weitere therapeutische Arbeit bieten, indem sie Einblicke in die tieferliegenden emotionalen Themen und Konflikte gibt.

Meine Kunsttherapeutin hat gesagt, dass jeder Malen kann. Zuerst hatte ich Zweifel, aber es ist mir gelungen mit ein paar Bildern meine innere Stärke zu finden.

Die emotionale Ausdruckskraft ist ein zentraler Aspekt der Kunsttherapie bei der Behandlung von Depressionen. Durch den kreativen Prozess können Patienten ihre Gefühle auf eine tiefgreifende und authentische Weise ausdrücken und verarbeiten. Diese Form des Ausdrucks bietet nicht nur eine Erleichterung von emotionalem Stress, sondern fördert auch ein tieferes Verständnis und die Reflexion über die eigenen emotionalen Zustände. Kunsttherapie kann somit einen wichtigen Beitrag zur emotionalen Heilung und zur Bewältigung von Depressionen leisten.

Kreativer Flow und Ablenkung

Der kreative Prozess kann als eine Form der Achtsamkeit wirken, die den Fokus von negativen Gedankenmustern ablenkt. Beim Schaffen von Kunstwerken können Patienten in einen Zustand des „Flows" geraten, bei dem sie vollständig in ihre Tätigkeit vertieft sind. Dieser Zustand kann helfen, den Geist zu beruhigen und eine vorübergehende Erleichterung von depressiven Symptomen zu bieten.

Selbstwirksamkeit und Identität

Durch die Schaffung von Kunstwerken können Patienten ein Gefühl der Selbstwirksamkeit und des Stolzes entwickeln. Das Erleben von Erfolg und die Fähigkeit, etwas Greifbares zu schaffen, kann das Selbstwertgefühl stärken und positive Veränderungen in der Selbstwahrnehmung fördern. Zudem kann Kunsttherapie den Patienten helfen, ihre Identität neu zu entdecken und zu festigen, was besonders wichtig für diejenigen ist, die durch die Depression das Gefühl für sich selbst verloren haben.

Therapeutische Beziehung und Reflexion

Die Beziehung zwischen dem Kunsttherapeuten und dem Patienten spielt eine zentrale Rolle im therapeutischen Prozess. Der Therapeut bietet einen sicheren Raum für den Ausdruck und die Reflexion der Kunstwerke, was tiefere Einblicke in die emotionalen und psychologischen Themen des Patienten ermöglicht. Durch diese Reflexion können Muster und Auslöser der Depression erkannt und bearbeitet werden.

Grenzen und Herausforderungen

Trotz der positiven Ergebnisse gibt es auch Herausforderungen und Grenzen der Kunsttherapie. Nicht alle Patienten sind sofort offen für kreative Ausdrucksformen, und es kann Zeit und Geduld erfordern, bis sie die Vorteile dieser Therapieform erkennen. Zudem ist die Verfügbarkeit von ausgebildeten Kunsttherapeuten und die Integration in das Gesundheitssystem in vielen Regionen begrenzt.

Ich bin davon überzeugt, dass die Kunsttherapie eine wertvolle Ergänzung zur herkömmlichen Behandlung von Depressionen bietet. Durch die Förderung des emotionalen Ausdrucks, die Schaffung eines Gefühls der Selbstwirksamkeit und die Unterstützung durch den therapeutischen Prozess kann sie signifikant zur Verbesserung des psychischen Wohlbefindens beitragen. Weitere Forschung und eine breitere Akzeptanz im Gesundheitswesen könnten dazu beitragen, diese wirksame Therapieform mehr Menschen zugänglich zu machen, die unter Depressionen leiden.

Für mich war die Kunsttherapie eine Bereicherung. Durch sie habe ich erreicht, nichts zu müssen.

«Ich bin vom MÜSSEN befreit».

Elektrokrampftherapie (EKT)

Die Elektrokrampftherapie (EKT) ist eine Behandlungsmethode für schwere Depressionen, die nicht auf andere Therapien ansprechen. Es handelt sich dabei um eine Form der Neuromodulation, bei der elektrische Impulse durch das Gehirn geleitet werden, um ein Krampfanfall auszulösen.

Während der Behandlung wird der Patient unter Vollnarkose gesetzt und erhält eine Muskelrelaxation, um Verletzungen während des Krampfanfalls zu vermeiden. Elektroden werden auf der Kopfhaut des Patienten platziert, um elektrische Impulse durch das Gehirn zu leiten. Diese Impulse lösen einen Krampfanfall aus, der in der Regel etwa 30 Sekunden dauert. Die Behandlung wird in der Regel zwei- bis dreimal pro Woche über mehrere Wochen durchgeführt.

Die genaue Wirkungsweise der EKT ist nicht vollständig geklärt. Es wird jedoch vermutet, dass sie die Neurotransmitter im Gehirn beeinflusst und dadurch zur Linderung der Depressionssymptome beitragen kann. Die EKT kann auch das Wachstum neuer Nervenzellen im Gehirn fördern, was möglicherweise zur Verbesserung der Stimmung beiträgt.

Die EKT hat in der Vergangenheit aufgrund ihrer Nebenwirkungen und des Stigmas, das mit der Behandlung verbunden ist, viel Kritik erfahren. Zu den möglichen Nebenwirkungen gehören Gedächtnisverlust,

Verwirrtheit und Kopfschmerzen. Es wurde jedoch gezeigt, dass moderne EKT-Techniken und eine sorgfältige Patientenauswahl das Risiko von Nebenwirkungen verringern können.

Trotz der Kritik bleibt die EKT eine wichtige Behandlungsmethode für schwere Depressionen, insbesondere bei Patienten, die nicht auf andere Therapien ansprechen. Die EKT kann in der Regel schnell und effektiv eine Besserung der Symptome bewirken, was zu einer Verbesserung der Lebensqualität der Patienten beitragen kann. Es ist jedoch wichtig, dass die EKT immer unter der Aufsicht eines erfahrenen Arztes durchgeführt wird, um mögliche Risiken und Nebenwirkungen zu minimieren.

Die EKT wird in der Regel als letzte Behandlungsoption eingesetzt, wenn andere Therapien wie Medikamente und Psychotherapie keine ausreichende Verbesserung der Symptome bewirkt haben. Die Behandlung wird auch bei schweren Depressionen mit suizidalen Gedanken oder anderen lebensbedrohlichen Zuständen in Erwägung gezogen.

Die EKT ist besonders wirksam bei Patienten mit psychotischen Symptomen wie Wahnvorstellungen oder Halluzinationen. Sie kann auch bei älteren Patienten oder solchen mit körperlichen Erkrankungen eingesetzt werden, bei denen Medikamente aufgrund von Nebenwirkungen oder Wechselwirkungen nicht geeignet sind.

Obwohl die EKT oft als letzte Behandlungsoption in Betracht gezogen wird, kann sie in einigen Fällen auch als erste Behandlungsoption bei schweren Depressionen empfohlen werden. Dies ist besonders bei Patienten mit einer schweren depressiven Episode mit Psychosen oder Suizidalität der Fall.

Zusammenfassend kann die Elektrokrampftherapie eine effektive Behandlungsoption für schwere Depressionen sein, insbesondere wenn andere Therapien nicht ausreichend wirksam sind. Es ist jedoch wichtig, dass die Behandlung immer unter der Aufsicht eines erfahrenen Arztes durchgeführt wird, um mögliche Risiken und Nebenwirkungen zu minimieren.

Die Lichttherapie ist eine nicht-medikamentöse Behandlungsmethode für Depressionen, die auf die Exposition des Patienten mit hellem Licht basiert. Die Behandlung ist in der Regel einfach und sicher und hat in verschiedenen Studien gezeigt, dass sie bei einer Vielzahl von Stimmungsstörungen wirksam sein kann, insbesondere bei saisonal bedingter Depression (SAD).

SAD ist eine Art von Depression, die auftritt, wenn die Tageslichtstunden im Herbst und Winter abnehmen. Die Symptome von SAD sind ähnlich wie bei einer anderen depressiven Episode, wie Antriebslosigkeit, gedrückte Stimmung, Appetit- und Schlafstörungen. Die Lichttherapie ist eine wirksame Behandlungsmethode, um die Symptome von SAD zu lindern.

Während der Lichttherapie wird der Patient in der Regel vor einem speziellen Lampengerät mit einem hohen Lumenwert platziert, dass eine Lichtintensität von mindestens 10.000 Lux erzeugt. Der Patient bleibt für eine bestimmte Zeit, die je nach Empfindlichkeit des Patienten variiert, vor der Lampe sitzen und kann während dieser Zeit lesen, fernsehen oder andere Aktivitäten ausüben.

Die Lichttherapie kann auch bei anderen Formen von Depressionen angewendet werden, wie bei der nicht-saisonalen Depression. In diesen Fällen kann die Lichttherapie in Kombination mit anderen Behandlungsmethoden wie Psychotherapie und Medikamenten eingesetzt werden.

Die genaue Wirkungsweise der Lichttherapie ist nicht vollständig geklärt, aber es wird angenommen, dass das helle Licht bestimmte chemische Veränderungen im Gehirn auslöst, die zur Verbesserung der Stimmung beitragen. Insbesondere wird angenommen, dass die Lichttherapie die Produktion von Serotonin, einem wichtigen Neurotransmitter im Gehirn, erhöht.

Obwohl die Lichttherapie eine sichere und einfache Behandlungsmethode ist, können einige Patienten Nebenwirkungen wie Kopfschmerzen, Augenreizungen, Schlaflosigkeit oder Überstimulation erfahren. Daher ist es wichtig, dass die Behandlung von einem erfahrenen Arzt oder Therapeuten überwacht wird.

Zusammenfassend gilt auch hier, dass die Lichttherapie eine effektive und sichere Behandlungsmethode für saisonal bedingte Depressionen und andere Formen von Depressionen sein. Die Lichttherapie kann auch in Kombination mit anderen Behandlungsmethoden wie Psychotherapie und Medikamenten eingesetzt werden. Es ist jedoch wichtig, dass die Behandlung immer unter der Aufsicht eines erfahrenen Arztes oder Therapeuten durchgeführt wird, um mögliche Risiken und Nebenwirkungen zu minimieren.

Es ist mir natürlich klar, dass es keine Therapiemethode gibt, die für jeden gleich gut funktioniert. Eine individuelle Anpassung der Therapie ist der beste Weg, um eine erfolgreiche Behandlung zu gewährleisten. Ich möchte gerne betonen, dass die Depression eine behandelbare Erkrankung ist, und dass es möglich ist, sich besser zu fühlen und ein erfülltes Leben zu führen, wenn man sich Hilfe sucht und eine geeignete Therapie findet. Wichtig ist dabei allerdings, dass man sich darauf auch einlassen kann. Der beste Therapeut, die beste Therapie kann nicht helfen, wenn man selbst nicht bereit dazu ist, sich helfen zu lassen.

Klinikaufenthalt: Ja oder Nein?

Wenn man unter schweren Depressionen leidet und sich in einer Krise befindet, kann ein Klinikaufenthalt eine sinnvolle Option sein. Ein Klinikaufenthalt kann eine intensive Behandlung bieten, die eine schnelle Verbesserung der Symptome ermöglicht und ein sicheres und unterstützendes Umfeld bietet, um sich auf die Behandlung zu konzentrieren. Es kann auch eine Möglichkeit sein, sich von Stressfaktoren und Herausforderungen im täglichen Leben zu erholen und sich auf die eigene Gesundheit zu konzentrieren.

Allerdings sollte ein Klinikaufenthalt sorgfältig abgewogen werden, da er auch mit Kosten und Herausforderungen verbunden sein kann. Es ist wichtig, die Vor- und Nachteile eines Klinikaufenthalts zu berücksichtigen und gemeinsam mit einem qualifizierten Arzt oder Therapeuten eine informierte Entscheidung zu treffen.

Es gibt auch alternative Behandlungsmöglichkeiten, die eine sinnvolle Option sein können, wie zum Beispiel ambulante Therapie oder Tageskliniken. Diese Behandlungsmöglichkeiten bieten eine flexible Möglichkeit, um sich auf die Behandlung von Depressionen zu konzentrieren und gleichzeitig die Möglichkeit zu haben, das tägliche Leben fortzusetzen.

Letztendlich hängt die Entscheidung, ob ein Klinikaufenthalt sinnvoll ist, von den individuellen

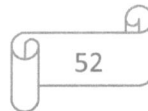

Bedürfnissen und Umständen ab. Es ist wichtig, sich mit einem qualifizierten Arzt oder Therapeuten zu beraten, um die beste Behandlungsoption zu finden, die am besten passt.

Ich habe mich für einen Aufenthalt in einen Psychosomatischen Klinik entschieden und bin 6 Wochen dortgeblieben. Ab dem 2. Wochenende durfte ich dann nach Hause allerdings nur für 23 Stunden. Die Therapien in dieser Klinik gingen über Einzel- und Gruppentherapie, Ergo-Therapie, Naturbasierte Therapie, Gespräche mit der Bezugsperson, Escrima (eine abgewandelte Kampfsportart aus den Philippinen), Physiotherapie, Sport und der täglichen Morgenrunde wo wir Achtsamkeitsübungen durchgeführt und erlernt haben. Der Vorteil dieser Klinik war, dass es ein öffentliches Schwimmbad gab, was man als Patient kostenlos nutzen konnte und so hatte man auch Kontakt mit «normalen Menschen».

Mit das Wichtigste bei meinem Aufenthalt in der Klinik waren die verpflichtenden gemeinsamen Mahlzeiten. Auch gab es keine feste Sitzordnung und so hatte man immer andere Gesprächspartner am Tisch. Was mir noch positiv in Erinnerung geblieben ist, war das es jede Woche neue Zugänge und genauso viele Abgänge gab. Ich konnte dabei beobachten, wie sich die Leute verhalten. Die wenigsten waren positiv gestimmt, als sie dort in der Klinik ankamen, aber die Gemeinschaft hat jeden sehr wohlwollend aufgenommen. Es war fast schon ein familiäres Umfeld.

Was mir im nach hinein positiv in Erinnerung geblieben ist, waren die Gruppen Therapie Sitzungen, wovor ich anfangs riesigen Respekt hatte. Was sehr gut war ist, dass es kein «Muss» gab. Alles war freiwillig. Allerdings sollte man sich, wenn man nicht in der Lage war an etwas teilzunehmen, vorher abmelden. Schliesslich wurden für jeden Einzelnen wöchentlich abgestimmte Therapiepläne zusammengestellt.

Obgleich ich fast nur positives erfahren habe und ich relativ gefestigt aus der Klinik rausgekommen bin, hat mich der Alltag sehr schnell wieder eingeholt und ich bin wieder in ein tiefes Loch gefallen. Das Problem bei einem Klinikaufenthalt ist, dass man sich dort, wie in einer riesigen Blase fühlt und einem alles mehr oder weniger angenommen wird, aber sobald man wieder zuhause ist, platzt diese Blase und das Wohlbefinden geht so langsam dahin.

Deshalb war mir wichtig weitere Therapiemöglichkeiten auszuloten und so nehme ich heute noch Einzel- und Gruppen Therapie in Anspruch, was mir sehr guttut. Im Moment bin ich so weit, dass ich sogar an einer Wiedereingliederung teilnehme. Es hat sich die Frage gestellt, ob ich in eine Tagesklinik gehen möchte aber das, was ich jetzt mache, ist so etwas Ähnliches und es ist auch auf mich abgestimmt. Alles in Allem war ich auf einem guten Weg....

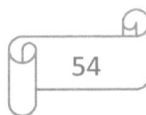

Auswirkung der Depression auf die Gesundheit

Depressionen können eine Vielzahl von Auswirkungen auf die körperliche Gesundheit haben. Wenn man unter Depressionen leidet, kann sich dies auf verschiedene Aspekte des Körpers auswirken, beispielsweise auf die körperliche Gesundheit in Bezug auf die Funktionsweise.

Eine der häufigsten Auswirkungen von Depressionen auf die körperliche Gesundheit ist die Erschöpfung und Müdigkeit. Damit kämpfe ich heute noch. Ich fühle mich oft müde und energielos, was sich auf meine körperliche Aktivität und Funktionsweise auswirkt.

Schlafstörungen sind auch eine häufige Begleiterscheinung von Depressionen und können zu Schlaflosigkeit und einer gestörten Schlafqualität führen. Das ist glaube ich die häufigste Auswirkung der Depression. Praktisch jeder den ich während dieser Zeit im Rahmen meiner Krankheit kennengelernt habe, hat das so empfunden. Aber nicht nur Schlafstörungen sind ein Problem. Selbst die Libido (Lustempfinden) leidet unter der Depression, so habe ich kaum noch Lust am Sexualleben. Das liegt aber keineswegs daran das ich meine Frau nicht Lieben würde, im Gegenteil. Sie ist eine grosse Stütze in dieser schweren Zeit und gibt mir sehr viel Kraft.

Depressionen können auch Auswirkungen auf das Herz-Kreislauf-System haben. Menschen mit Depressionen haben ein höheres Risiko für Herz-Kreislauf-Erkrankungen wie Herzinfarkte, Schlaganfälle und Bluthochdruck. Depressionen können auch Entzündungen im Körper auslösen, die zu chronischen Schmerzen und anderen gesundheitlichen Problemen führen können.

Ausserdem können sie auch den Appetit und das Essverhalten beeinflussen. Manche Menschen essen möglicherweise weniger oder vernachlässigen ihre Ernährung, während andere möglicherweise mehr essen und an Gewicht zunehmen. Eine unausgewogene Ernährung kann jedoch zu gesundheitlichen Problemen führen, wie einem Mangel an wichtigen Nährstoffen oder einem erhöhten Risiko für Übergewicht und damit verbundene Erkrankungen.

Schließlich können Depressionen auch Auswirkungen auf das Immunsystem haben. Menschen mit Depressionen haben oft ein geschwächtes Immunsystem, was sie anfälliger für Infektionen und andere Krankheiten machen kann.

Es ist jedem wohl klar und deshalb auch wichtig zu beachten, dass die Auswirkungen von Depressionen auf die körperliche Gesundheit von Person zu Person unterschiedlich sind. Deshalb nochmal. Sprich mit einem Arzt und Therapeuten über die Symptome, so kann die am besten geholfen werden.

Wie die Depression meine Beziehungen zu Familie, Freunde, Kollegen und Bekannte beeinflusste

Die Depression hat eine starke Auswirkung auf Beziehungen zu meinen Familienmitgliedern, Freunden, Kollegen oder Bekannten. Die Symptome der Krankheit, wie z.B. Stimmungsschwankungen, Antriebslosigkeit, Selbstzweifel und soziale Isolation, führen dazu, dass ich Schwierigkeiten habe, mich mit anderen Menschen zu verbinden und Beziehungen aufrechtzuerhalten.

In der Beziehung zu Familienmitgliedern ist die Depression aufgrund von Konflikten, Missverständnissen und Frustrationen manifestiert. Meine Familie hat bisweilen Schwierigkeiten, meine Verhaltensänderungen und Emotionen zu verstehen und sie fühlen sich ungeduldig oder irritiert, weil sie nicht in der Lage ist zu «Helfen». Für mich ist es nur wichtig, dass sie für mich da sind, wenn ich jemanden zum Reden brauche. Es war mir von Anfang an wichtig, mit meiner Familie offen und ehrlich über die Depression zu sprechen und ihr zu erklären, wie sie mich unterstützen können.

Bei «Freundschaften» gestaltet sich dies etwas schwieriger. Die meisten haben sich von mir abgewandt, vermutlich weil sie mit meiner Krankheit nicht umgehen können und ich selbst mich aus dem sozialen Leben weitgehend zurückgezogen habe und auch nicht wirklich in der Lage bin an Aktivitäten teilzunehmen oder mich zu engagieren. Es ist auch gut möglich das meine Freunde sich entfremdet fühlen oder keine Möglichkeit sehen, helfen zu können, was zu Frustration und Spannungen führt. Ich habe dennoch versucht mit meinen Freunden über die Depression zu sprechen und ihnen zu erklären, was ich gerade durchmache.

In der Arbeitsbeziehung hat mich die Krankheit komplett aus der Spur geworfen. Ich war nicht mehr in der Lage meine Arbeit zu erledigen oder mich darauf zu konzentrieren. Gut möglich das meine Kollegen die Verhaltensänderungen bemerkt haben und sich irritiert oder genervt fühlten. Gesagt oder Andeutungen hat aber niemand gemacht und so kam es auch nicht zu Konflikten oder Spannungen am Arbeitsplatz. Mit meinem Vorgesetzten habe ich auch über die Depression gesprochen und versucht zu erklären, das mit mir etwas nicht stimmte und ich mir professionelle Hilfe suchen werde.

Vielleicht ist es verständlich das ich von meinem Arbeitgeber wegen meiner Krankheit gekündigt worden bin, doch mich belastet es so sehr, dass ich nicht in der Lage bin nach vorne zu schauen, was den Arbeitsmarkt angeht. Ich fühle mich nach 40 Jahren auf dem Arbeitsmarkt wie ein alter Zugwaggon, der auf dem Abstellgleis steht und vergessen wurde. Ich werde offensichtlich nicht mehr gebraucht, zumindest ist das im Moment mein Empfinden. Selbst von meinen Kollegen, die mir stets das Gefühl gaben, ein Teil der «Truppe» zu sein haben sich von mir distanziert und den Kontakt abgebrochen, womit ich mittlerweile ganz gut klarkomme, so habe ich gelernt, wem ich wirklich wichtig bin.

Wie ich Unterstützung von Familie und Freunden erhalten habe.

Anfangs war es schwierig Unterstützung von Freunden und der Familie zu erhalten. Sie schämten sich oder haben sich von mir distanziert was auch daran liegt, dass ich mich manchmal isoliere. Doch mittlerweile haben wir gemeinsam Wege gefunden, wie Sie mich unterstützen können. Wichtig ist, dass ich in der Depression trotzdem versuche meine Gefühle offen und ehrlich zu kommunizieren. Das hilft in jeder Beziehung. Ich muss aber auch bereit sein und meinen Lieben die Möglichkeit geben mir zu helfen, was nicht immer leicht ist. Schliesslich möchte ich keinem zur Last fallen. Ich weiss das viele die das jetzt lesen genauso empfinden, doch glaubt mir, es hilft ungemein sich zu öffnen. Manchmal dauert es eine gefühlte Ewigkeit, bis man sich darauf einlässt aber am Ende fällt doch sehr viel Last von den Schultern.

Was ich auch versucht habe, ist, eine spezielle Zeit für Gespräche mit Freunden und Familie zu planen. Die regelmäßige Zeit für Gespräche trägt dazu bei, dass ich mich unterstützt und verbunden fühle. Ich plane Aktivitäten und verabrede mich mit Freunden und der Familie soweit möglich. So treffen wir uns zu Spaziergängen oder gehen gemeinsam Essen.

Ein kleiner Tipp von mir. Wenn jemand Schwierigkeiten hat, mit seinen Freunden und der Familie zu sprechen, kann man professionelle Hilfe in Anspruch nehmen. Ein Psychologe oder Therapeut können dabei helfen, die Depression besser zu verstehen und Strategien zur Bewältigung der Symptome zu entwickeln. Auch zusammen mit Familie und Freunden in gemeinsamen Sitzungen. Die meisten Psychologen sind offen für solche Themen.

Auch Online-Ressourcen wie Foren, Chatrooms oder Webseiten können helfen. Dort ist man allerdings meistens anonym unterwegs, was nicht unbedingt ein Nachteil sein muss. Doch kann man auch dort über seine Erfahrungen mit dem Thema sprechen. Das gilt natürlich auch für die Liebsten Menschen um uns herum, die sich auf diesen Plattformen auch informieren können.

Insgesamt finde ich es wichtig, Unterstützung von Freunden und Familie bei der Bewältigung einer Depression zu erhalten. Durch offene Kommunikation, regelmäßige Treffen und die Nutzung von professioneller Hilfe können die Symptome besser verstanden und Strategien zur Bewältigung entwickelt werden. Denke stets daran, dass wir nicht allein sind und dass es viele Möglichkeiten gibt, die uns dabei helfen können, Unterstützung zu erhalten.

Vergangenheitsbewältigung, Verdrängung und die Rolle der Eltern

Die Bewältigung der Vergangenheit spielt eine wichtige Rolle bei meiner Genesung der Depression. Es ist schwierig, sich mit traumatischen Erfahrungen oder schmerzhaften Erinnerungen auseinanderzusetzen, aber es ist wichtig, diese Emotionen zu verarbeiten, um die Symptome zu bewältigen und eine gesunde psychische Gesundheit zurückzubekommen.

Ein erster Schritt bei der Bewältigung der Vergangenheit ist die Anerkennung der Gefühle und Erinnerungen. Sei ehrlich dir selbst gegenüber und mache dir bewusst, dass die Vergangenheit dich beeinflusst hat.

Es ist mir bewusst, dass es normal ist, Gefühle von Traurigkeit, Schmerz und Wut zu haben. Es war hilfreich in der Zeit, als ich in der Klinik war. Dort stand mir professionelle Hilfe zur Verfügung, die es mir ermöglichte, alles aufzuarbeiten was mich unbewusst all die Jahre belastete. Ich sage extra unbewusst da es damit zusammenhängt das ich vieles verdrängt habe. Teilweise ging ich bei den Sitzungen regelrecht durch die «Hölle», aber es war mir wie gesagt überaus wichtig, mich darauf einzulassen. Es war die wohl emotionalste Erfahrung, die man durchleben kann, aber auch sehr befreiend. Ein(e) Psychologe(in) oder Therapeut(in) ist da sehr wichtig, weil er oder sie sehr tief graben können und dabei helfen die Emotionen zu verstehen und Strategien zu

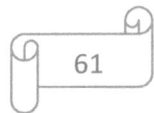

entwickeln, die wichtig dabei sind, die Vergangenheit zu verarbeiten.

Ich weiss das einige Angst davor haben sich so zu öffnen oder sich so gehen zu lassen, aber es ist ein wichtiger Teil, um die Krankheit zu bekämpfen. Ich habe grossen Respekt vor alldem, ja heute noch, bin aber froh mich immer wieder darauf einzulassen, weil ich merke das es mir danach immer besser geht und ich auf einem guten Weg bin die Depression zu verarbeiten. Es ist wohl noch ein langer Weg, aber ich weiss auch das ich es schaffe.

Bei der Bewältigung meiner Vergangenheit spielt die Rolle meiner Eltern eine grosse Rolle. Es war sehr emotional, aber auch hilfreich die Beziehung zu meinen Eltern zu reflektieren und meine Emotionen in Bezug auf sie zu verstehen. Bei der Bewältigung dessen gab es nur ein Problem. Mein Vater ist sehr jung gestorben, also mit 42 Jahren, und es ist mir nicht mehr möglich, mich mit Ihm auszusprechen, aber ich habe einen Weg gefunden auch damit klarzukommen und ihm zu vergeben. Mit meiner Mutter hatte ich seit 13 Jahre keinen Kontakt, genauso zu meiner Schwester, aber den habe ich wieder aufgenommen und ich mache meiner Mutter keine Vorwürfe mehr, dass alles so gekommen ist wie es eben war. So haben wir die Möglichkeit uns neu auf uns zu konzentrieren. Die Verdrängung mit schmerzhaften Erfahrungen war ein grosser Teil meiner Vergangenheit, aber ich habe erkannt, dass Verdrängung langfristig negative Auswirkungen auf meine psychische Gesundheit hat. Es ist wichtig, sich mit den Emotionen auseinanderzusetzen und sich aktiv darum zu bemühen, sie zu verarbeiten.

Es ist einfach unglaublich, wie sehr die Psyche einen aus der Bahn werfen kann. Deshalb finde ich es wichtig sich einzugestehen das eine Depression eine Krankheit ist, die behandelt werden kann. Ich habe schon oft gesagt, wie einfach es wäre, wenn ich ein Bein oder einen Arm gebrochen hätte, dann wüsste ich was mit mir nicht stimmt und die Heilung ist auch nicht so langwierig. Ein Bruch, den versteht man, weil man ihn sieht, aber eine psychische Erkrankung, ist nicht sichtbar.

Jetzt ist es vor allem wichtig sich Zeit zu geben und nicht in Versuchung zu geraten wieder so weiterzumachen wie vorher. Jetzt habe ich die Möglichkeit dazu und diese werde ich auch nutzen. Egal wie lange es dauert. Schliesslich habe ich nur dieses eine Leben und die paar Jahre, die mir noch bleiben möchte ich endlich so verbringen, dass ich stolz auf mich und glücklich sein kann. Ich möchte, dass man sich am Ende gern an mich erinnert, als Vollwertiges Mitglied der Familie und der Gesellschaft.

War ich ein guter Ehemann und Vater?

Diese Frage stellen sich sicher viele und die Antwort müssten meine Frau und meine Tochter geben. Es ist nicht ungewöhnlich, dass ich mich in der Depression frage, ob ich ein guter Ehemann und Vater bin. Die

Depression führt dazu, dass ich mich oft niedergeschlagen, überfordert oder entfremdet und von meinen Lieben abgeschnitten fühle. Ich mache mir immer wieder bewusst, dass Depression eine Krankheit ist und dass es normal ist, dass man sich in dieser Zeit niedergeschlagen und überfordert fühlt. Auch hier hilft es mir mich damit auseinander zu setzen und die Liebsten mit einzubeziehen. Denn schliesslich sind sie diejenigen, die am meisten darunter leiden, wenn es mir nicht gut geht. Auch mit meinem Therapeuten bespreche ich dies alles und wir erarbeiten Möglichkeiten die psychische Gesundheit und Beziehungen zu verbessern.

Als Ehemann und Vater habe ich in dieser Zeit gelernt, mich darauf zu konzentrieren, mich um meine psychische Gesundheit zu kümmern und gesunde Bewältigungsmechanismen zu entwickeln, um die Beziehungen zu stärken. Dies machen die Teilnahme an Therapiesitzungen oder Unterstützungsgruppen möglich die ich besuche. Die Priorisierung von Selbstfürsorge und die Verwendung von Entspannungstechniken wie Meditation oder Yoga ist auch sehr hilfreich. Gelernt habe ich auch, dass ich egoistischer sein muss, also mehr darauf zu achten was mir guttut.

Ein weiterer Aspekt ist, mit der Familie offen und ehrlich über die Depression zu sprechen. So habe ich Ihnen erklären können, was ich durchmache und wie sie mir helfen können aus dem «Tal der Tränen» zu entkommen. Offenheit trägt auch hier dazu bei, Missverständnisse und

Ängste abzubauen und das Verständnis und die Unterstützung durch die Familie zu gewinnen.

Letztendlich habe ich verstanden, dass die Depression nicht bedeutet, dass ich kein guter Ehemann und Vater bin. Es erfordert jedoch Anstrengungen, um die psychische Gesundheit zu verbessern und die Beziehungen zu stärken. Mit professioneller Hilfe, Selbstfürsorge und offener Kommunikation trage ich so dazu bei, ein guter Ehemann und Vater zu sein, auch wenn ich mit der Depression zu kämpfen habe.

Die Bedeutung von Selbstfürsorge

Die Genesung von den Depressionen ist ein langer und schwieriger Prozess. Es erfordert Zeit, Geduld und harte Arbeit. Während der Genesung ist es hilfreich, sich auf Selbstfürsorge und Selbstpflege zu konzentrieren, um sich selbst zu unterstützen und zu «heilen». Selbstfürsorge kann verschiedene Dinge bedeuten, je nach den Bedürfnissen der eigenen Person. So nehme ich mir regelmäßig Zeit für mich selbst, um zu meditieren, zu lesen, zu schreiben oder zu fotografieren. Was im Einzelnen hilft, oder was einem gut tut, dass muss jeder für sich selbst herausfinden.

Eine Komponente der Selbstfürsorge ist die Verbindung mit anderen Menschen. Die Depression hat oft dazu geführt, dass ich mich isoliert und allein gefühlt habe. Aber das Erreichen und Aufrechterhalten von sozialen Kontakten trägt dazu bei, das Selbstwertgefühl zu steigern und das Gefühl der Verbundenheit zu fördern.

Das aller wichtigste ist, auf sich selbst zu achten und sich nicht zu überfordern. Es ist hilfreich, sich realistische Ziele zu setzen und Prioritäten zu setzen, um die Überforderung zu vermeiden. Auch ich neige heute noch immer wieder dazu, mich selbst zu überfordern. Die Genesung von Depression erfordert Zeit und Geduld, und so ist es wichtig, sich selbst die Zeit zu geben, um zu genesen.

Die Bedeutung von Selbstfürsorge bei der Genesung von Depressionen kann nicht genug betont werden. Bei Gesprächen mit Freunden und Bekannten werde ich immer wieder gefragt, ob ich selbst gut auf mich achte. Es ist nicht immer einfach, aber es ist ein wichtiger Teil des Prozesses und kann dazu beitragen, den Weg zur Genesung zu erleichtern. Durch die Konzentration auf Selbstfürsorge lerne ich das Vertrauen in mich selbst zu stärken, was dazu beiträgt, die Genesung zu beschleunigen und die Wahrscheinlichkeit eines Rückfalls zu reduzieren. Wichtig ist mir in diesem Zusammenhang noch, nicht zu vergessen, dass man Achtsam mit sich selbst und der Umwelt um sich herum umgeht. Achtsamkeitsübungen sind sehr wertvoll. Schon drei Mal tiefes Ein- und Ausatmen hilft einem, in gewissen Situationen ruhig zu bleiben, um sich wieder auf das wesentliche zu konzentrieren.

Selbstfürsorge ist ein wichtiger Aspekt der Behandlung von Depressionen. Es geht darum, sich um sich selbst zu kümmern, um körperliche und emotionale Gesundheit zu fördern und die Symptome von Depressionen zu lindern. Selbstfürsorge kann verschiedene Formen annehmen und umfasst sowohl körperliche als auch geistige Aspekte.

Körperliche Selbstfürsorge umfasst Dinge wie regelmäßige körperliche Aktivität, eine ausgewogene Ernährung und ausreichend Schlaf. Körperliche Aktivität ist besonders wichtig bei der Behandlung von

Depressionen, da sie dazu beiträgt, das Stimmungsniveau zu verbessern, die körperliche Gesundheit zu fördern und Stress abzubauen. Eine ausgewogene Ernährung kann ebenfalls dazu beitragen, das körperliche Wohlbefinden und die Stimmung zu verbessern. Ausreichend Schlaf ist ebenfalls wichtig, um Erschöpfung und Energieverlust zu vermeiden, die oft mit Depressionen einhergehen.

Geistige Selbstfürsorge umfasst Aktivitäten wie Entspannung, Selbstreflexion und die Entwicklung von Bewältigungsstrategien. Entspannungstechniken wie Yoga, Meditation oder Progressive Muskelentspannung können dazu beitragen, Stress abzubauen und das emotionale Wohlbefinden zu fördern. Selbstreflexion kann dazu beitragen, negative Gedankenmuster zu erkennen und zu verändern, die oft mit Depressionen einhergehen. Die Entwicklung von Bewältigungsstrategien kann helfen, den Umgang mit schwierigen Situationen und Emotionen zu verbessern und das Selbstvertrauen zu stärken.

Zusätzlich zur körperlichen und geistigen Selbstfürsorge kann es auch hilfreich sein, Unterstützung von Freunden und Familie sowie professionellen Therapeuten und Ärzten zu suchen. Dies kann dabei helfen, sich mit anderen auszutauschen und sich weniger isoliert zu fühlen, was oft ein Symptom von Depressionen ist.

Insgesamt kann Selbstfürsorge dazu beitragen, die Symptome von Depressionen zu lindern und die allgemeine Gesundheit und das Wohlbefinden zu fördern. Es ist wichtig, dass jeder Mensch seine eigene Form von Selbstfürsorge findet, die am besten zu ihm passt und diese regelmäßig in den Alltag integriert.

Wie die Natur dazu beiträgt aus einem Tief der Depression zu kommen

Die Natur ist ein mächtiges Mittel, um aus einem Tief der Depression herauszukommen. Es gibt viele Gründe, warum die Natur so heilend sein kann.

Bewegung: Regelmäßige Bewegung im Wald hat mir gezeigt, dass sie bei der Linderung von der Depression hilfreich ist. Der Vorteil im Wald ist der, dass ich dort allein bin und so kann ich je nach Gemütszustand, mich völlig hingeben. Schreien und Wut rauslassen zum Beispiel ist sehr effektiv.

Wandern, Radfahren, Schwimmen und andere Outdoor-Aktivitäten können dazu beitragen, Endorphine freizusetzen und das Selbstwertgefühl zu steigern.

Ein weiterer wichtiger Aspekt der Natur ist ihre beruhigende Wirkung. Die Natur trägt bei mir dazu bei, Stress abzubauen und den Geist zu beruhigen. Den Kopf wieder freizubekommen. Dies hilft, die Symptome von Angst und Depression zu reduzieren. Der Anblick von grünen Bäumen, blauem Himmel und fließendem Wasser trägt dazu bei, den Geist zu beruhigen und das

Wohlbefinden zu steigern. Bäume sind ein Magnet für mich und so suche ich immer, egal wo ich gerade unterwegs bin, nach aussergewöhnlichen Bäumen. Auf mich strahlen sie eine ungemeine Ruhe aus.

Die Natur gibt mir das Gefühl der Verbundenheit mit der Welt um uns herum. Sie erinnert mich daran ein Teil eines größeren Ganzen zu sein und dass ich nicht allein bin. Die Natur hat schon oft dazu beigetragen meine Perspektiven zu ändern und mich daran erinnert, dass die Dinge, die mir Sorgen bereiten, oft winzig sind, verglichen mit den Wundern der Welt um mich herum.

Das Schöne an der Natur ist das sie mich aus der Isolation holt. Sie ist oft der Ort, an dem ich mich mit anderen Menschen verbinden kann, sei es durch gemeinsame Aktivitäten oder durch das Erleben von Schönheit und Wundern. So verliere ich das Gefühl der Einsamkeit und Isolation, das oft mit der Depression einhergeht. Insgesamt ist die Natur für mich ein mächtiges Heilmittel, um aus einem Tief der Depression herauszukommen.

Die Natur kann eine heilende Wirkung auf Menschen haben, insbesondere auf Menschen mit Depressionen. Eine wachsende Anzahl von Studien belegt, dass der Kontakt mit der Natur dazu beitragen kann, die Symptome von Depressionen zu lindern und das allgemeine Wohlbefinden zu verbessern.

Eine Studie aus dem Jahr 2015 ergab, dass Menschen, die in der Natur spazieren gehen, einen signifikanten Anstieg positiver Emotionen erleben und eine Verringerung der depressiven Symptome erfahren. Ein weiterer Bericht aus dem Jahr 2017 legte nahe, dass der Kontakt mit der Natur dazu beitragen kann, Angstzustände zu lindern und das Selbstwertgefühl zu steigern. Eine Studie aus dem Jahr 2019 ergab, dass Patienten, die in einer klinischen Umgebung mit Blick auf die Natur untergebracht waren, sich schneller erholten als Patienten ohne natürlichen Blick.

Es gibt mehrere Gründe, warum die Natur eine positive Wirkung auf die Stimmung und das Wohlbefinden haben kann. Einer der Hauptgründe ist, dass die Natur ein natürlicher Stressabbau ist. Wenn wir uns in der Natur aufhalten, sinken unser Blutdruck und die Herzfrequenz, und der Stresshormonspiegel im Körper sinkt. Die Natur kann auch eine Ablenkung von den Alltagssorgen bieten und ein Gefühl der Ruhe und Entspannung fördern.

Die Natur kann auch dazu beitragen, negative Gedankenmuster zu durchbrechen, die oft mit Depressionen einhergehen. In der Natur gibt es keine Ablenkungen durch Technologie oder soziale Medien, die oft dazu beitragen, negative Gedankenmuster zu verstärken. Stattdessen kann die Natur dazu beitragen, den Fokus auf die Schönheit und Wunder der Welt zu richten und die Perspektive zu verändern.

Es ist wichtig zu beachten, dass der Kontakt mit der Natur allein keine ausreichende Behandlung für Depressionen ist und in vielen Fällen als Ergänzung zu anderen

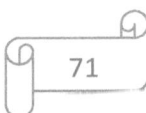

Therapien und Behandlungen eingesetzt werden sollte. Dennoch ist es eine kostengünstige und zugängliche Möglichkeit, um das Wohlbefinden und die Stimmung zu verbessern.

Insgesamt ist die Natur ein wichtiger Bestandteil der ganzheitlichen Behandlung von Depressionen und kann eine wertvolle Ergänzung zu anderen Therapien und Medikamenten sein. Es ist wichtig, Zeit im Freien zu verbringen und den Kontakt mit der Natur regelmäßig in den Alltag zu integrieren, um die Vorteile zu maximieren.

Einflüsse von Medien und Social Media auf die Depression

Die Medien und Social Media können einen großen Einfluss auf die Depression haben. Einerseits können sie eine Quelle von Unterstützung und Information sein, andererseits können sie aber auch zur Verschlechterung der Symptome beitragen. Was mich dazu bewogen hat, mich aus sämtlichen Medien abzumelden. Ich habe gemerkt das die negativen Berichte und Mitteilungen in den sozialen Medien mich immer mehr belastet haben.

Auf Social Media sah ich oft nur die besten Seiten des Lebens anderer Menschen und verglich mich mit diesen vermeintlich perfekten Bildern. Dadurch fühlte ich mich oft minderwertig und unzufrieden mit meinem eigenen Leben. Dies hat sehr stark zu einer Verschlechterung meines Selbstwertgefühls beigetragen, was wiederum die Symptome der Depression verstärkt hat.

Ein weiterer Faktor war die Überflutung mit negativen Nachrichten und Bildern. Es war schwierig, mit der ständigen Berichterstattung über schlechte Nachrichten umzugehen, insbesondere wenn es mir an diesem Tag gar nicht gut ging. So sah ich es als wichtig an, mich selbst zu schützen und mich nicht zu sehr in diesen negativen Schleifen zu verlieren.

Natürlich gibt es auch positive Aspekte von Medien und Social Media. Zum Beispiel können sie eine Quelle von Unterstützung und von Information sein, wenn man sich einsam oder isoliert fühlt. Es gibt Online-Communities und Foren, in denen man mit anderen Betroffenen sprechen und Erfahrungen austauschen kann. Es ist jedoch wichtig, sicherzustellen, dass diese Quellen von Unterstützung wirklich hilfreich und nicht kontraproduktiv sind.

Insgesamt ist es mir wichtig und so mache ich mir stets bewusst, wie Medien und Social Media meine Gedanken und Gefühle beeinflussen können. Deshalb versuche ich mich vor negativen Einflüssen zu schützen und mich auf positive Quellen zu konzentrieren. Darüber hinaus ist es mir auch wichtig, Zeit in der Natur zu verbringen und sich von der virtuellen Welt zu lösen, um mit der realen Welt zu verbinden und mein Wohlbefinden zu steigern.

Die Kraft des Glaubens in der Depression

Der Glaube und die Spiritualität können eine wichtige Rolle bei der Bewältigung von Depressionen spielen. In diesem Text werden verschiedene Aspekte des Glaubens in Bezug auf Depressionen untersucht, einschließlich der Auswirkungen des Glaubens auf die Stimmung und das Wohlbefinden, der Rolle von Religion und Spiritualität in der Therapie und der Bedeutung von Hoffnung und Sinn in Zeiten der Krise.

Der Einfluss des Glaubens auf die Stimmung und das Wohlbefinden. Es gibt eine wachsende Anzahl von Studien, die darauf hinweisen, dass der Glaube und die Spiritualität dazu beitragen können, die Stimmung und das Wohlbefinden zu verbessern und die Symptome von Depressionen zu lindern. Eine Studie aus dem Jahr 2014 ergab beispielsweise, dass religiöse Menschen weniger depressive Symptome und eine höhere Lebenszufriedenheit haben als nicht-religiöse Menschen.

Eine andere Studie aus dem Jahr 2017 ergab, dass Menschen, die regelmäßig beten oder meditieren, einen höheren Grad an positiven Emotionen erleben und eine bessere psychische Gesundheit haben als Menschen, die nicht beten oder meditieren. Diese Studien legen nahe, dass der Glaube und die Spiritualität dazu beitragen können, ein Gefühl der Verbundenheit, des Trostes und der Hoffnung zu vermitteln, die dazu beitragen können, die Stimmung und das Wohlbefinden zu verbessern.

In den letzten Jahren haben sich viele Therapeuten auf die Integration von Religion und Spiritualität in ihre Behandlungsansätze konzentriert. Die Integration von Religion und Spiritualität kann dazu beitragen, eine Verbindung zwischen dem Patienten und dem Therapeuten herzustellen und den Patienten dazu ermutigen, sich auf eine höhere Macht zu konzentrieren, die ihn durch schwierige Zeiten führen kann.

Es gibt verschiedene Ansätze zur Integration von Religion und Spiritualität in die Therapie. Einige Therapeuten nutzen religiöse Texte und Gebete, um ihren Patienten Hoffnung und Ermutigung zu geben, während andere Therapeuten spirituelle Praktiken wie Meditation und Achtsamkeit einsetzen, um ihren Patienten zu helfen, ihre innere Kraft und Ruhe zu finden. Die Art und Weise, wie Religion und Spiritualität in die Therapie integriert werden, hängt von den individuellen Bedürfnissen und Überzeugungen des Patienten ab.

Es ist wichtig zu beachten, dass die Integration von Religion und Spiritualität in die Therapie keine universelle Lösung für alle Patienten ist. Einige Patienten können religiöse oder spirituelle Überzeugungen ablehnen oder finden, dass diese Überzeugungen nicht mit ihrer Persönlichkeit oder ihren Werten übereinstimmen. In diesen Fällen ist es wichtig, alternative Therapieansätze zu finden, die besser auf die Bedürfnisse des Patienten abgestimmt sind.

«Hoffnung» und «Sinn» in der Krise

Eine der größten Herausforderungen bei der Bewältigung von Depressionen ist es, Hoffnung und Sinn in einer scheinbar aussichtslosen Situation zu finden. Der Glaube und die Spiritualität können dabei helfen, da sie dem Patienten eine höhere Perspektive und eine tiefere Bedeutung geben können. Wenn ein Patient beispielsweise glaubt, dass seine Depression Teil eines größeren Plans oder Zwecks ist, kann dies ihm helfen, die Krise besser zu verstehen und sich darauf zu konzentrieren, was er aus der Erfahrung lernen kann.

In Zeiten der Krise kann auch der Glaube an eine höhere Macht oder eine spirituelle Praxis dazu beitragen, Hoffnung und Sinn zu vermitteln. Ein Patient, der sich auf eine höhere Macht oder spirituelle Praxis konzentriert, kann eine tiefere Verbindung mit seiner inneren Kraft und Stärke finden und sich auf das Positive und die Zukunft konzentrieren.

Es ist jedoch wichtig zu beachten, dass der Glaube und die Spiritualität allein keine Heilung für Depressionen bieten können. Es ist immer noch notwendig, professionelle Hilfe und Behandlung von einem qualifizierten Therapeuten oder Psychiater zu suchen. Es ist auch wichtig, dass der Patient weiterhin seine Medikamente einnimmt und den Anweisungen seines Arztes folgt, um sicherzustellen, dass er die bestmögliche Behandlung erhält.

Insgesamt können der Glaube und die Spiritualität dazu beitragen, die Stimmung und das Wohlbefinden zu verbessern und den Patienten Hoffnung und Sinn zu vermitteln. Es ist jedoch wichtig, dass der Patient weiterhin professionelle Hilfe sucht und den Anweisungen seines Arztes folgt, um sicherzustellen, dass er die bestmögliche Behandlung erhält.

Der Glaube ist für viele Menschen eine starke Quelle der Unterstützung und der Hoffnung ist, die unter Depressionen leiden. Der Glaube an eine höhere Macht oder an eine spirituelle Kraft kann eine Art Anker sein, der ihnen Halt gibt, wenn sie sich in einem Tief befinden. So habe ich in der Depression den Weg zu Gott neu entdeckt und spüre seine Nähe in verschiedensten Situationen.

Ich möchte Ihnen gerne erzählen, wie es bei mir war:

Eines Tages, als ich im Aufbautraining in einer Klinik war und mit allem gehardert habe und nicht mehr ein noch aus wusste, kam eine für mich wildfremde junge Frau auf mich zu und sagte:

«Mike, Gott liebt Dich und er hat noch viel mit Dir vor!»

«WHAT?»

Wie bitte schön kann diese Frau von meinen Gedanken wissen und warum gerade ich? Hat jetzt gerade Gott durch sie zu mir gesprochen? Kann das sein? Was ist da gerade passiert? Mein Kopf begann zu kreisen und gleichzeitig spürte ich eine gewisse Ruhe in mir. Ich begann die Bibel zu lesen und verstand, dass es einen Zusammenhang zwischen dem erlebten und Gott gibt.

Verstehen Sie, meine lieben Leser, mich nicht falsch und ich möchte sicher niemanden zu einem Glauben bekehren, es sind nur meine Erfahrungen, die ich gerne mit Ihnen Teile.

In der Zeit meiner Depression hat der Glaube mir geholfen, das Gefühl der Hoffnungslosigkeit zu überwinden und eine positive Einstellung zu bewahren. Durch den Glauben habe ich Trost und Stärke gefunden, um meine inneren Kämpfe zu bewältigen und neue Perspektiven zu entwickeln.

Für manche Menschen kann auch das Gemeinschaftsgefühl in der Kirche oder in religiösen Gruppen ein wichtiger Faktor sein. Die Möglichkeit, mit anderen zu sprechen und sich auszutauschen, kann dazu beitragen, das Gefühl der Isolation und Einsamkeit zu verringern, das oft mit Depressionen einhergeht.

Es gibt auch eine Reihe von religiösen Praktiken und Ritualen, die helfen können, den Geist zu beruhigen und das Wohlbefinden zu steigern. Zum Beispiel können das Beten oder die Meditation dazu beitragen, den Geist zu klären und eine positive Einstellung zu fördern.

Es ist jedoch wichtig zu beachten, dass der Glaube allein keine Lösung für Depressionen sein kann, da die Depression eine ernsthafte Erkrankung ist.

Eine weitere Möglichkeit, den Glauben in der Depression zu nutzen, besteht darin, sich auf positive und inspirierende Zitate oder Schriften zu konzentrieren. Indem wir uns auf positive Gedanken und Worte konzentrieren, können wir unsere Stimmung und unser Denken verbessern und uns auf das konzentrieren, was wir erreichen wollen.

Depressionen können oft zu einem Verlust des Glaubens an sich selbst und der Welt führen. Aber wenn wir an uns selbst glauben und hoffnungsvoll bleiben, können wir eine positive Einstellung aufrechterhalten, die uns durch schwierige Zeiten führt.

2. Klinikaufenthalt

Wie ich bereits geschrieben habe, neige ich dazu mich hin und wieder, zu überfordern. Deshalb habe ich mich nach einem dreiviertel Jahr im Aufbautraining dazu entschlossen, erneut einen Klinikaufenthalt, diesmal aber in einer Psychatrie, anzugehen. Ich habe mich bewusst an eine Psychatrische Klinik gewand, weil ich glaubte, dass es dort andere Therapieformen gibt, die bei mir besser wirken. Doch was war der Grund, dass ich unbedingt wieder in eine Klinik wollte?

Nun ja, ich war wie gesagt, im Aufbautraining und auf einem guten Weg, dachte ich zumindest. 6,5 Std. habe ich bereits geschafft und vom Kopf her war alles gut, aber mein Körper hat nicht mehr mitgemacht. Da ich sehr pflichtbewusst bin, habe ich zu allen Steigerungen immer „JA" gesagt, ohne auf mein Befinden zu hören, weshalb ich die Stundenzahl wieder auf 4 reduzieren musste. Als Erfolg kann ich werten, dass ich es selbst gespürt habe, dass es nicht mehr geht, was mich auf eine gewisse Art Stolz auf mich macht, da ich scheinbar etwas Erlernte umsetzen konnte.

Also ging ich zur Psychiaterin, erzählte Ihr von meinem Empfinden und Sie bestätigte meine Empfindungen und meinte, es sei schön zu sehen, dass ich meine körperlichen Wahrnehmungen nicht mehr ignoriere, sondern bewusst mit diesen umgehe.

Ich brach das Aufbautraining ab und ging in die Psychiatrie. Nun lagen 10 Wochen Klinikaufenthalt vor mir, an denen ich nur an den Wochenenden nach Hause fahren durfte und das auch nur für jeweils 23 Stunden. Das ich nur so kurz nach Hause durfte war Teil der Therapie, um zu sehen, wie ich zuhause mit verschiedenen Situationen umgehe und ob die "Skills", die ich erlernte, auch anwenden kann. Am Anfang gab es einige Rückschläge, was aber völlig normal ist, denn auch bei der Bewältigung einer Depression ist noch kein Meister vom Himmel gefallen.

Ich ging durch eine schwere Zeit, in der ich oft verzweifelt und mutlos war, doch ich habe in dieser Zeit viel über mich herausgefunden, was schon in Vergessenheit geraten war. Aber, ich habe großartige Menschen kennenlernen dürfen, die mir gezeigt haben, nicht allein zu sein und mich unterstützten, oder einfach nur Verständnis hatten. Egal ob es Mitpatienten, Pflegende oder die Therapeuten waren, sie alle gaben mir stets das Gefühl ein Mensch zu sein.

Heute schaue ich positiver in die Zukunft und bin mir sicher, dass egal was kommen mag, ich Menschen um mich habe, die zu mir halten. Das für mich wichtigste ist aber, dass ich der Überzeugung bin, es zu schaffen, auch wenn der Weg steinig und mühsam ist.

Rituale als Teil der Therapie

Um ein Teil meiner Depression zu überwinden, habe ich mich dazu entschlossen, ein Ritual durchzuführen, das mir Kraft, Stärke und Hoffnung gegeben hat, es zu schaffen.

Viel hat mit meiner Vergangenheit zu tun. Kindheit und Jugend waren nicht leicht und ich weiss, dass es viele gibt, denen es genauso geht. Ich musste mich schon sehr früh um meine jüngere Schwester, die gerade geboren war, kümmern, weil meine Mutter überfordert und nachlässig mit uns war. Mein Vater hatte uns verlassen, als ich gerade 2 Jahre alt gewesen bin. Meine Eltern waren allerdings noch sehr jung, gerade einmal 18 und 19 Jahre alt. Und so gingen mein Vater und meine Mutter getrennte Wege. Sie waren beide der Meinung, sie würden durch ein Kind Zuviel im Leben versäumen und haben sich getrennt. So hat es sich ergeben, dass meine Mutter, als ich noch sehr klein war, öfters mal im Ausgang war und mich allein zurückgelassen hat. Das gleiche passierte dann, als meine Schwester auf die Welt kam. Ich war gerade einmal 6 Jahre alt und war nicht nur der grosse Bruder, sondern irgendwie auch Vater und Mutter für mein Schwesterherz.

So vergingen ein paar Jahre und ich habe nichts von meiner Kindheit gehabt. Dann, eines Tages tauchte mein Vater auf. Er war mit seiner neuen Ehefrau zu besuch bei seiner Mutter. Es gab Zeugnisse in meiner Schule und ich war wohl mit Abstand der nachlässigste und faulste Schüler, der ja eine Schule besucht hat. Dementsprechend sah dann auch mein Zeugnis aus. Also gingen meine Mutter und ich zu meinem Vater und meine Mutter warf ihm das Zeugnis auf den Esszimmertisch meiner Oma und sagte, und diese Worte werde ich mein Leben lang nicht vergessen, «HIER, DAS IST DEIN SOHN! GUCK WAS AUS IHM GEWORDEN IST!»

Mein Vater sass da, guckte sich mein Zeugnis an, schaute zu seiner Frau und sagte: «jetzt ist es genug!». Er fragte meine Mutter, ob er mich einmal mitnehmen dürfe, um bei Ihm die Ferien zu verbringen. Meine Mutter willigte ein und so ging ich zu meinem Vater und ging nie wieder zurück zu meiner Mutter. Im ersten Augenblick schien das Beste zu sein.

Nun war ich also bei meinem Vater. Und wenn sie, liebe Leser nun glauben, dass es mir dort besser ging, muss ich sie enttäuschen. Was meiner Mutter fehlte, hatte mein Vater zu viel. Nicht die Liebe oder Zuneigung, die man als Kind brauch, sondern Härte und Strenge. Ich war also ein heranwachsender der keine Kindheit hatte und seine Jugendzeit mit Fleiss und Lernen verbracht hat. Ich tat alles, um meinem Vater zu genügen, aber es war nie genug. Das einzig Positive, was ich aus dieser Zeit mitnehme, ist, dass aus mir etwas geworden ist und darauf kann ich mittlerweile auch Stolz sein. Vielmehr möchte ich dazu auch gar nicht Schreiben, nur noch das, was mich zu dem Ritual gebracht hat.

Mein Vater war sehr krank. Krebs. Doch er hatte eine sehr lange Zeit damit zu Kämpfen und zu leiden. Ich bin mir sicher, dass es einen Grund dafür gab, dass er so leiden musste. Vielleicht war es Karma. 3 lange Jahre pflegten wir ihn und so durfte er dann endlich die Augen für immer schliessen. Als es nun darum ging, ihn zu beerdigen, hiess es, er werde verbrannt und ich brauche da nicht dabei zu sein.

Also tat ich, wie mir gesagt wurde. Ich hatte also, obwohl mein Vater zuhause gestorben ist, keine Möglichkeit mehr, mich zu verabschieden. Die ganzen Jahre habe ich nichts gespürt oder gemerkt, dass es jedoch wichtig ist, sich von einem geliebten Menschen, egal wie er war, zu verabschieden. Deshalb habe ich nach über 30 Jahren ein Verabschiedungs-Ritual durchgeführt. Und das ging so:

Ich war also bei meinem 2. Klinikaufenthalt in der Psychiatrie und habe einen sehr langen Abschiedsbrief an meinen Vater geschrieben und eine Figur aus Ton hergestellt. Die Figur, habe ich auf ein «Boot» gelegt. Also ging ich zum Fluss, las den Brief laut vor, als sei mein Vater direkt vor mir, was sehr emotional war. Den Brief, den ich ursprünglich verbrennen wollte, was aber wegen des starken Windes nicht ging, diesen Brief habe ich in einen schweren Stein gewickelt und in den Fluss geworfen. Als nächstes nahm ich das Boot, stellte es aufs Wasser und ließ es den Fluss heruntertreiben. Ich drehte mich weg, ging zu meiner Begleitung und wir gingen, ohne uns umzudrehen zurück in die Klinik. Meine Begleitung meinte noch, es sei sehr emotional gewesen und selbst sie hätte geweint, weil sie so viel über mich erfahren hätte, mehr als es in den wenigen Stunden, die ich bei Ihr in Therapie war, möglich gewesen wäre. Danach fühlte ich mich irgendwie befreit und gelöst. Ab diesem Zeitpunkt habe ich gewusst, dass ich es schaffe aus dem Tief herauszukommen.

*

Rituale können also in der Psychotherapie eine bedeutende Rolle bei der Behandlung von Depressionen spielen. Sie können auf verschiedene Weisen positive Effekte haben:

Struktur und Routine: Rituale schaffen eine regelmäßige Struktur und Routine, die Menschen mit Depressionen helfen können, ihren Alltag besser zu organisieren und zu bewältigen. Regelmäßige Abläufe geben ein Gefühl von Kontrolle und Stabilität, was Angst und Unsicherheit verringern kann.

Rituale können Praktiken der Selbstfürsorge und Achtsamkeit beinhalten, wie z.B. tägliche Meditation, Journaling oder achtsame Atemübungen. Diese Aktivitäten fördern das Bewusstsein für den eigenen Körper und Geist, was zur Reduktion von Stress und negativen Gedanken beitragen kann.

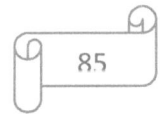

Rituale können helfen, positive Gewohnheiten zu entwickeln, wie z.B. regelmäßiges Schlafen, ausgewogene Ernährung oder körperliche Bewegung. Diese positiven Veränderungen im Lebensstil können die Symptome einer Depression lindern.

Symbolische Bedeutung: Rituale können eine tiefere symbolische Bedeutung haben, die Hoffnung und Heilung fördert. Beispielsweise können Abschiedsrituale für alte Verhaltensmuster oder Begrüßungsrituale für neue, positive Veränderungen therapeutische Durchbrüche unterstützen.

Soziale Unterstützung: Rituale, die in einer Gruppe oder Gemeinschaft durchgeführt werden, fördern soziale Interaktionen und Unterstützung. Die Zugehörigkeit zu einer Gemeinschaft und das Gefühl, nicht allein zu sein, kann Depressionen entgegenwirken.

Emotionaler Ausdruck: Rituale bieten oft einen sicheren Raum für den Ausdruck von Gefühlen. Dies kann besonders hilfreich sein, um unterdrückte Emotionen freizusetzen und zu verarbeiten.

Insgesamt können Rituale in der Psychotherapie eine unterstützende und heilende Wirkung auf Menschen mit Depressionen haben, indem sie Struktur, Selbstfürsorge, soziale Unterstützung und Möglichkeiten zur emotionalen Verarbeitung bieten.

Rituale in der Psychotherapie können sich auf vielfältige Weise positiv auf das Empfinden von Patienten auswirken. Hier sind einige der wichtigsten Vorteile:

Stabilität und Sicherheit: Regelmäßige Rituale bieten Patienten eine feste Struktur und Vorhersehbarkeit, was besonders in unsicheren Zeiten beruhigend wirkt. Diese Stabilität kann Ängste mindern und ein Gefühl der Sicherheit vermitteln.

Selbstwirksamkeit: Durch das regelmäßige Ausführen von Ritualen können Patienten das Gefühl entwickeln, aktiv etwas für ihr Wohlbefinden zu tun. Dieses Gefühl der Selbstwirksamkeit stärkt das Selbstvertrauen und die Überzeugung, die eigene Situation positiv beeinflussen zu können.

Emotionale Regulation: Rituale bieten einen Rahmen, um Emotionen auszudrücken und zu verarbeiten. Dies kann helfen, Gefühle von Überforderung zu reduzieren und emotionale Balance zu fördern.

Achtsamkeit und Präsenz: Viele therapeutische Rituale beinhalten achtsamkeitsbasierte Praktiken. Diese fördern das Bewusstsein für den gegenwärtigen Moment und helfen, Grübeln und negative Gedankenspiralen zu durchbrechen.

Verbundenheit und Zugehörigkeit: Gemeinsame Rituale, ob in einer Gruppe oder im therapeutischen Setting, stärken das Gefühl von sozialer Verbundenheit. Das

Wissen, dass andere ähnliche Erfahrungen machen, kann Isolation lindern und Unterstützung bieten.

Ressourcenaktivierung: Rituale können dabei helfen, innere Ressourcen zu aktivieren. Sie können Erinnerungen an positive Erlebnisse wachrufen oder symbolisch für Stärken und Fähigkeiten stehen, die in schwierigen Zeiten Kraft geben.

Symbolische Heilung: Rituale können symbolische Handlungen umfassen, die Heilung und Veränderung verkörpern. Beispielsweise kann das Loslassen alter Muster oder das Begrüßen neuer Perspektiven symbolisch und emotional entlastend wirken.

Erleichterung des Übergangs: In Lebensübergängen (wie Trauer, Trennung oder berufliche Veränderungen) können Rituale helfen, diese Phasen zu markieren und bewusst zu durchleben. Dies erleichtert die Anpassung an neue Lebensumstände.

Förderung von Positivität: Regelmäßige Rituale, die positive Erfahrungen betonen (wie Dankbarkeitsübungen oder Feierlichkeiten von Erfolgen), können helfen, eine positivere Grundhaltung zu entwickeln und depressive Stimmungen zu mildern.

Insgesamt tragen Rituale dazu bei, ein Gefühl von Ordnung, Kontrolle und positiver Veränderung zu schaffen. Sie unterstützen die emotionale und psychische Stabilität der Patienten und fördern das allgemeine Wohlbefinden im therapeutischen Prozess.

Obwohl die positiven Aspekte von Ritualen in der Psychotherapie klar sind, gibt es mehrere Herausforderungen bei der Umsetzung, die es schwierig machen können, diese Vorteile zu realisieren:

Individuelle Unterschiede: Jeder Patient ist einzigartig, und was für den einen hilfreich ist, kann für den anderen wenig Bedeutung haben. Die persönlichen Vorlieben, kulturellen Hintergründe und individuellen Lebensumstände der Patienten müssen berücksichtigt werden, um effektive Rituale zu gestalten.

Motivationsprobleme: Besonders bei Patienten mit Depressionen kann es schwierig sein, die Motivation aufzubringen, regelmäßig Rituale durchzuführen. Die Symptome der Depression, wie Antriebslosigkeit und Erschöpfung, können es erschweren, neue Gewohnheiten zu etablieren.

Therapeutische Anpassung: Therapeuten müssen in der Lage sein, Rituale individuell anzupassen und zu personalisieren. Dies erfordert Zeit, Kreativität und ein tiefes Verständnis der Bedürfnisse jedes einzelnen Patienten.

Kulturelle Sensibilität: Rituale haben oft kulturelle Konnotationen und Bedeutungen. Was in einer Kultur sinnvoll und heilsam ist, kann in einer anderen Kultur weniger relevant oder sogar unangemessen sein. Therapeuten müssen kulturelle Sensibilitäten berücksichtigen und Rituale entsprechend anpassen.

Vertrauen und Bereitschaft: Patienten müssen Vertrauen in ihren Therapeuten und die therapeutische Methode haben, um sich auf Rituale einzulassen. Ohne dieses Vertrauen kann die Bereitschaft fehlen, Rituale auszuprobieren oder zu akzeptieren.

Konsistenz und Geduld: Rituale benötigen Zeit und konsistente Anwendung, um wirksam zu sein. Sowohl Therapeuten als auch Patienten müssen geduldig sein und die Rituale regelmäßig durchführen, um die positiven Effekte zu erfahren. Dies kann in einer schnelllebigen Welt schwierig sein.

Emotionale Barrieren: Manche Patienten könnten emotionale Barrieren oder Widerstände gegen bestimmte Rituale haben, insbesondere wenn diese tieferen emotionalen Themen berühren oder schmerzhafte Erinnerungen hervorrufen.

Ressourcen und Unterstützung: Es kann zusätzliche Ressourcen und Unterstützung erfordern, um Rituale in den Alltag der Patienten zu integrieren. Dies kann zusätzliche Zeit, Anleitung und möglicherweise auch die Einbindung von Familienmitgliedern oder anderen Unterstützern umfassen.

Flexibilität und Anpassungsfähigkeit: Rituale müssen flexibel genug sein, um an die wechselnden Bedürfnisse und Umstände der Patienten angepasst werden zu können. Dies erfordert ständige Reflexion und Anpassung durch den Therapeuten.

Trotz dieser Herausforderungen können die positiven Aspekte von Ritualen in der Psychotherapie durch eine sorgfältige, individuelle und kulturübergreifende Herangehensweise erreicht werden. Geduld, Flexibilität und ein tiefes Verständnis der Bedürfnisse der Patienten sind dabei entscheidend.

Zusammenfassend lässt sich sagen, dass Rituale in der Psychotherapie bedeutende positive Effekte auf das Empfinden von Patienten haben können, indem sie Struktur, Stabilität, emotionale Regulation, Achtsamkeit, soziale Verbundenheit und das Gefühl der Selbstwirksamkeit fördern. Diese Rituale können helfen, depressive Symptome zu lindern und das allgemeine Wohlbefinden zu verbessern. Die Umsetzung dieser Rituale kann jedoch durch individuelle Unterschiede, Motivationsprobleme, kulturelle Sensibilitäten, emotionale Barrieren und die Notwendigkeit von Geduld und Konsistenz erschwert werden. Eine erfolgreiche Integration von Ritualen erfordert eine sorgfältige, personalisierte und flexible Herangehensweise durch Therapeuten, die die einzigartigen Bedürfnisse und Umstände jedes Patienten berücksichtigen.

Dankbarkeit – Die Kunst, das Gute zu erkennen

Dankbarkeit ist mehr als nur eine flüchtige Emotion oder ein höfliches „Danke" im Alltag. Sie ist eine tief verwurzelte Haltung, die unser Leben in vielerlei Hinsicht bereichern kann. Dankbarkeit öffnet unsere Augen für das, was bereits da ist, und hilft uns, den Wert der kleinen Dinge zu schätzen, die wir oft als selbstverständlich betrachten.

In einer Welt, die oft von Eile und ständiger Suche nach dem Nächsten geprägt ist, bietet Dankbarkeit eine erfrischende Perspektive. Sie lehrt uns, innezuhalten und die Gegenwart zu genießen. Wenn wir dankbar sind, erkennen wir die Bedeutung von Beziehungen, Erfahrungen und sogar Herausforderungen, die uns wachsen lassen.

Dankbarkeit hat eine transformative Kraft. Sie kann negative Gedanken in positives Umwandeln und uns helfen, resilienter zu werden. Wenn wir uns regelmäßig daran erinnern, wofür wir dankbar sind, fördern wir nicht nur unser emotionales Wohlbefinden, sondern auch unsere physische Gesundheit. Studien zeigen, dass dankbare Menschen besser schlafen, weniger Stress haben und insgesamt zufriedener sind. Doch wie können wir mehr Dankbarkeit in unser Leben integrieren? Es beginnt mit Achtsamkeit und Bewusstsein. Ein Dankbarkeitstagebuch zu führen, in dem wir täglich oder wöchentlich aufschreiben, wofür wir dankbar sind, kann ein guter Anfang sein. Auch das bewusste Aussprechen von Dankesworten und das Teilen unserer Dankbarkeit mit anderen stärkt diese Haltung.

Dankbarkeit ist eine Entscheidung und eine Praxis. Sie erfordert Übung und Geduld, besonders in schwierigen Zeiten. Aber die Belohnungen sind immens. Sie bringt uns näher zu uns selbst und zu anderen und lässt uns die Fülle des Lebens in ihrer ganzen Tiefe erfahren.

Die Wurzeln der Dankbarkeit

Historisch gesehen, spielt Dankbarkeit in vielen Kulturen und Religionen eine zentrale Rolle. In der christlichen Tradition etwa ist Dankbarkeit ein zentrales Element der Gottesverehrung und des Gebets. Buddhistische Lehren betonen die Wichtigkeit der Achtsamkeit und der Wertschätzung des gegenwärtigen Moments. Auch in vielen indigenen Kulturen ist Dankbarkeit tief in den täglichen Ritualen und Bräuchen verankert, oft als Ausdruck der Verbundenheit mit der Natur und den Mitmenschen.

Dankbarkeit ist jedoch nicht nur ein spirituelles Konzept, sondern auch ein wissenschaftlich erforschtes Phänomen. Psychologen haben herausgefunden, dass Menschen, die regelmäßig Dankbarkeit praktizieren, ein höheres Maß an Lebenszufriedenheit und ein geringeres Risiko für Depressionen aufweisen. Dankbarkeit kann auch soziale Bindungen stärken, indem sie das Gefühl der Verbundenheit und des gegenseitigen Respekts fördert.

Praktische Übungen zur Förderung der Dankbarkeit

Es gibt zahlreiche Wege, Dankbarkeit in den Alltag zu integrieren. Eine einfache, aber effektive Methode ist das Führen eines Dankbarkeitstagebuchs. Indem wir jeden Tag drei Dinge aufschreiben, für die wir dankbar sind, schulen wir unser Gehirn darauf, das Positive zu erkennen. Diese Praxis kann helfen, unseren Fokus von dem, was fehlt, hin zu dem, was bereits vorhanden ist, zu lenken.

Eine weitere Möglichkeit ist die Meditation der Dankbarkeit. Dabei konzentrieren wir uns bewusst auf die positiven Aspekte unseres Lebens und lassen dieses Gefühl in uns wirken. Regelmäßige Dankbarkeitsmeditationen können unser allgemeines Wohlbefinden und unsere Zufriedenheit steigern. Das Ausdrücken von Dankbarkeit gegenüber anderen ist ebenfalls von großer Bedeutung. Ein Einfaches „Danke" kann Wunder wirken, aber auch das Schreiben von Dankesbriefen oder das persönliche Aussprechen von Dankbarkeit können tiefe emotionale Verbindungen schaffen und stärken.

Die Herausforderungen der Dankbarkeit

Obwohl Dankbarkeit viele Vorteile mit sich bringt, ist es nicht immer leicht, sie zu praktizieren. In schwierigen Zeiten, wenn das Leben uns vor große Herausforderungen stellt, kann es besonders schwerfallen, dankbar zu sein. Gerade dann ist es wichtig, sich daran zu erinnern, dass Dankbarkeit nicht bedeutet, Schwierigkeiten zu ignorieren oder zu leugnen. Vielmehr geht es darum, trotz aller Widrigkeiten das Gute zu erkennen und wertzuschätzen.

Eine der größten Herausforderungen ist, Dankbarkeit nicht als Pflicht oder erzwungene Positivität zu sehen. Authentische Dankbarkeit entsteht aus einem tiefen Bewusstsein und einem echten Gefühl der Wertschätzung. Es ist in Ordnung, sich Raum für negative Gefühle zu geben und dennoch nach Möglichkeiten zu suchen, dankbar zu sein.

Dankbarkeit als Lebenshaltung

Am Ende ist Dankbarkeit eine Lebenshaltung, die uns lehrt, das Leben in seiner ganzen Fülle zu akzeptieren. Sie zeigt uns, dass es in jedem Moment, in jedem Tag, etwas gibt, wofür wir dankbar sein können. Diese Haltung kann unser Leben auf tiefgreifende Weise verändern, indem sie uns hilft, Frieden und Zufriedenheit zu finden — unabhängig von den äußeren Umständen.

Dankbarkeit ist eine Einladung, das Leben in all seinen Facetten zu feiern und die Geschenke des Augenblicks zu erkennen. Sie öffnet unser Herz und unseren Geist und ermöglicht es uns, das Leben in seiner ganzen Tiefe zu erfahren und zu genießen.

Achtsamkeit

Achtsamkeit ist eine innere Haltung, die das bewusste Wahrnehmen, das Leben im Hier und Jetzt ermöglicht.

Bewusstsein schaffen: Setzen Sie sich an einen ruhigen Ort, schließen Sie die Augen und lenken Sie Ihre Aufmerksamkeit auf Ihren Atem. Atmen Sie ruhig und tief ein und aus. Versuchen Sie, Gedanken an die Vergangenheit oder die Zukunft loszulassen und sich vollständig auf den gegenwärtigen Moment zu konzentrieren. Das ist Anfangs eventuell etwas Gewöhnungsbedürftig und ungewohnt, aber mit der Zeit findet man immer besser zu sich selbst. Sie können Achtsamkeit in Ihren täglichen Aktivitäten üben, indem Sie bewusst handeln. Das bedeutet, sich auf die Aufgabe zu konzentrieren, die vor Ihnen liegt, sei es das Essen, das Gehen oder das Abwaschen von Geschirr. Achtsamkeit ist eine Fähigkeit, die durch regelmäßige Praxis entwickelt wird. Sie können kurze Achtsamkeitsübungen in Ihren Tagesablauf integrieren oder längere Sitzmeditationen durchführen, um Ihre Fähigkeiten zu vertiefen. Achtsamkeit kann dazu beitragen, Stress zu reduzieren, emotionale Regulation zu verbessern und das allgemeine Wohlbefinden zu steigern. Es erfordert jedoch Übung und Geduld, um die Vorteile vollständig zu realisieren. Es ist auch wichtig zu beachten, dass Achtsamkeit keine Ersatztherapie für schwerwiegende psychische Probleme ist, sondern als ergänzende Praxis zur Verbesserung des psychischen Wohlbefindens dienen kann.

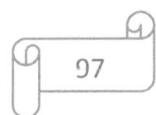

Es geht bei der Achtsamkeit primär um das aufmerksame und wertfreie Beobachten des Augenblicks, der gegenwärtigen Außenwelt (z. B. das aktuell sichtbare, hörbare, riechbare, fühlbare Umfeld) oder der eigenen Innenwelt (Gedanken, Gefühle, Stimmung).

In diesem Abschnitt werden Sie einige einfache, jedoch sehr wirkungsvolle Achsamkeitsübungen kennen lernen.

Achtsamkeit bedeutet, dass Sie vollkommen im Moment sind und Ihre gesamte Aufmerksamkeit auf das Hier und Jetzt gerichtet haben. Ihr Verstand werkelt weder an irgendwelchen Problemen aus der Vergangenheit herum noch sorgt er sich über mögliche Horrorszenarien in der Zukunft. Sie sind einfach nur präsent.

Wichtig bei dieser Präsenz ist, dass Sie dabei nichts werten. Alles, was ist, bleibt. Wenn Sie einen bestimmten Gedanken haben, bewerten Sie ihn nicht als "schlechten" oder "guten" Gedanken. Auch kämpfen Sie nicht gegen ihn an oder klammern sich an ihm fest. Lassen Sie den Gedanken so lange da sein, wie er möchte – er wird dann vorbeiziehen.

Achtsamkeit ist kein Leistungssport. Bei den hier vorgestellten Achtsamkeitsübungen gibt es hinterher weder Siegerehrungen noch gibt es bessere oder schlechtere Leistungen in Achtsamkeit. Hier gibt es nichts zu gewinnen und nach nichts zu streben. Es gibt keine Ziele zu erreichen noch existiert der Vergleich mit anderen.

Sie dürfen einfach nur da sein und spüren!

Achtsamkeit bedeutet also «Leben im Hier und Jetzt!»

Achtsamkeitsübungen

Punktgenau zielen

Mit dieser Übung können Sie Ihre Körperwahrnehmung verbessern, indem Sie Berührungsstellen „erfühlen". Besitzen Sie eine gute Körperwahrnehmung, dann wird es Ihnen leichtfallen, punktgenau die jeweilige Stelle zu treffen. Wenn Sie das Ziel häufig verfehlen, dann ist das vermutlich ein Zeichen für eine verbesserungswürdige Wahrnehmung.

Anleitung:

Für die Durchführung dieser Übung benötigen Sie eine weitere Person.

Schließen Sie die Augen.

Bitten Sie die andere Person, Sie an einer beliebigen Stelle am Körper mit dem Finger anzutippen.

Lassen Sie dabei Ihre Augen geschlossen und deuten Sie mit Ihrem Finger möglichst genau auf die Berührungsstelle.

Wiederholen Sie diesen Vorgang mit weiteren Berührungsstellen.

Als Variante kann die andere Person Sie an zwei Stellen gleichzeitig antippen.

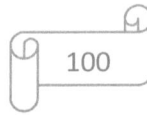

Fangen Sie doch heute mit dem Vorsatz an, jedem Tag mit Achtsamkeit zu begegnen. Ich möchte Sie dabei mit täglichen Achtsamkeitsübungen durch die Tage begleiten. Denn nur mit stetigem Üben können wir „Innehalten", und uns und unser Befinden wirklich wahrnehmen und als Haltung verinnerlichen.

Nicht selten wird bereits der Tag mit Hektik begonnen. Beim letzten Wecker klingeln raus, schnelle Morgentoilette, rasches Frühstück, schnell, schnell, schnell … Die am Morgen mitgenommene Hektik zieht sich dann häufig durch den gesamten Arbeitstag. Keine gute Basis für Achtsamkeit im Alltag.

Anleitung:

Wenn Sie morgens erwachen, springen Sie nicht gleich aus dem Bett.

Öffnen Sie die Augen und setzen Sie sich im Bett aufrecht hin. Durch diese Haltung schlafen Sie nicht gleich wieder ein.

Atmen Sie einige Male tief ein und aus.

Lassen Sie Ihre Gedanken kommen und gehen, ohne einen davon festzuhalten.

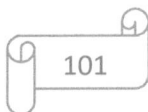

Spüren Sie Ihren Körper. Was fühlen Sie in welchem Bereich?

Wie ist Ihre Stimmung (ohne zu werten)?

Nach etwa zehn Minuten recken und strecken Sie sich. Der Tag kann beginnen.

Variante:

Auch abends vor dem Einschlafen können Sie sich einen solchen Moment der Achtsamkeit gönnen.

Achtsamkeit bei alltäglichen Tätigkeiten

Begegne Deiner Achtsamkeit heute mit alltäglichen Kleinigkeiten

(Zum Beispiel: Beobachte das auslaufende Wasser der Kaffeemaschine oder die vorbeiziehenden Wolken)

Die meisten Menschen sind einen großen Teil ihres Alltages in einer Alltagstrance unterwegs. Sie befinden sich dabei immer wo anders. Wenn sie morgens in der U-Bahn sitzen, sind sie in ihrem Kopf bereits bei der Arbeit. Wenn sie bei der Arbeit sind, dann denken sie sehnsüchtig an zu Hause. Wenn sie abends zu Hause sind, dann können sie die Diskussion mit ihrem Chef einfach nicht aus dem Kopf bekommen und sind geistig wieder im

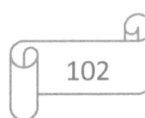

Büro. Wir sind den ganzen Tag im Kopf irgendwo anders, aber selten im Hier und Jetzt.

Wenn Du das nächste Mal in einem öffentlichen Verkehrsmittel fährst, dann nehme es wahr. Spüre den Kontakt zu dem Sitz, spüre, wie Deine Füße auf dem Boden stehen. Fokussiere die Bewegungen, die der Fahrt. Höre die Geräusche, wenn es durch eine Kurve fährt. Sei präsent da. Konzentriere Dich auf das, was Du gerade in dieser Sekunde wahrnimmst. Lass Deinen Kopf dabei raus.

Eine sehr effektive Meditation aus dem Bereich der Achtsamkeitsübungen ist es, beim Händewaschen oder Duschen voll da zu sein. Sich darauf zu konzentrieren wie das warme (oder auch kalte) Wasser über unseren Körper läuft. Wie sich das Plätschern des Wassers anhört und welchen Duft die Seife verströmt.

Du kannst Dich bei fast jeder Alltagstätigkeit voll hingeben und im Moment sein. Im Moment sein bedeutet übrigens, genau das Gegenteil von Träumerei. Wenn Du vor lauter Präsenz im ÖV Deine Haltestelle verpasst, dann steht die Chance gut, dass Du einfach nur noch tiefer in Deinen Kopf gegangen bist.

Intensivieren Sie heute Ihre Wahrnehmung auf Ihren Atem

Die Atmung ist ein automatischer Vorgang, der keiner Steuerung durch unser Bewusstsein bedarf. Deshalb schenken wir unserem Atemrhythmus kaum Beachtung.

Erinnern Sie sich mehrmals täglich daran, einige tiefe und bewusste Atemzüge zu nehmen. Setzen Sie sich dazu aufrecht auf einen Stuhl oder atmen Sie im Stehen. Spüren Sie, wie Ihr Brustkorb sich weitet, achten Sie darauf, wie Luft durch Ihre Luftröhre strömt und immer tiefer in den Körper vordringt. Achten Sie auch darauf, an welchen Stellen Sie nicht frei atmen können und wo Ihre Atmung zu Spannungen im Körper führen. Hier können Sie besonders intensiv hinatmen

Oder:

Schließen Sie die Augen.

Legen Sie eine Hand auf Ihren Bauch.

Atmen Sie durch die Nase tief in den Bauch hinein und nehmen Sie diese Atmung bewusst wahr.

Stellen Sie sich beim Einatmen vor, dass Sie einen wohltuenden Duft aufsaugen, der dann Ihren ganzen Körper durchströmt.

Das Ausatmen erfolgt durch den Mund. Stellen Sie sich beim Ausatmen vor, wie Sie eine Pusteblume blasen.

Zählen Sie beim Ein- und Ausatmen, das erleichtert die gleichmäßige rhythmische Atmung. Beispielsweise fünf Sekunden ein- und fünf Sekunden lang ausatmen.

Wechseln Sie auch mal die Position und atmen Sie bewusst im Sitzen, Stehen und Liegen und spüren Sie den Unterschied.

Sinnlichkeit beim Essen

Stellen Sie heute die Mahlzeiten in den Mittelpunkt Ihrer Achtsamkeit

Wir essen täglich. Das Speisen kann auch eine sinnliche Beschäftigung darstellen, denn daran ist nicht nur der Geschmackssinn beteiligt, sondern auch der Geruch und das Aussehen der Speise haben wesentlichen Einfluss darauf, ob uns etwas schmeckt oder eben nicht.

Bei dieser Übung setzen Sie die am Essen beteiligten Sinne bewusst ein.

Anleitung:

Versuchen Sie einmal schweigend das Essen zu beginnen und sich bewusst zu machen woher und wie die Nahrungsmittel auf Ihren Teller gekommen sind

Betrachten Sie zuerst einmal Ihre Speisenauswahl und schließen Sie dann die Augen.

Nehmen Sie einen Happen und riechen Sie daran.

Nehmen Sie ihn in den Mund. Kauen Sie bedächtig. „Erfühlen" Sie die Konsistenz. Schmecken Sie die unterschiedlichen Aromen heraus.

Es ist erstaunlich, wie schwer uns oft das „Erschmecken" fällt. Sie können natürlich auch bei jedem Essen die Augen kurzschließen, um den Geschmack intensiver wahrzunehmen – auch wenn Sie wissen, was Sie da zu sich nehmen.

An einem neuen Ort, etwa im Urlaub, gibt es viel Neues zu entdecken. Wir atmen neue Düfte, schmecken fremdartige Speisen und genießen die besondere Atmosphäre am Ferienort. Es kommen alle Sinne auf ihre Kosten und wir nehmen bleibende Erinnerungen mit nach Hause.

Wieder im Alltag angekommen, erwartet uns Altbekanntes. Wir sehen nicht genau hin und schenken den vertrauten Gerüchen, Aromen und Geräuschen keine Aufmerksamkeit mehr.

Bei dieser Übung geht es darum, auch Bekanntes und Gewohntes mit neuen Augen zu betrachten, den Facettenreichtum des persönlichen Umfelds neu zu entdecken und sich daran zu erfreuen.

Anleitung:

Wählen Sie eine alltägliche Situation, die für Sie zur Routine zählt. Das kann das Waschritual am Morgen, die Fahrt zum Arbeitsplatz oder die Zubereitung einer Mahlzeit sein.

Sammeln Sie möglichst viele Eindrücke und achten Sie bewusst auf Kleinigkeiten. Es fallen Ihnen sicherlich Dinge auf, die Sie bislang unbeachtet ließen. Wie ist der Stiel der Zahnbürste beschaffen? Die Oberfläche des Waschbeckens? Welche Form hat der Griff der Duscharmatur?

Achten Sie einfach während der gewohnten Tätigkeit auf Dinge, denen Sie sonst keine Beachtung schenken.

Dialog mit dem Körper

Schenken Sie heute Ihrem gesamten Körper Ihre Aufmerksamkeit

Meist nehmen wir unseren Körper nur dann richtig wahr, wenn er schmerzt. Achtsamkeitsübungen helfen dabei, neben dem Schmerz und dem Unwohlsein auch anderes wahrzunehmen, beispielsweise die Stellung und die Bewegung der einzelnen Körperteile, die Spannung der Muskulatur, das Gleichgewicht, die Haltung, ...

Sie benötigen lediglich Zeit und Ruhe, um in sich hineinzuspüren und auf Ihren Körper zu „hören".

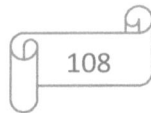

Anleitung:

Stellen Sie sich aufrecht hin. Sie können sich auch vor einem Spiegel positionieren, um Ihre Bewegungen besser zu erfassen.

Widmen Sie sich nacheinander einer ganz bestimmten Körperregion und suchen Sie den Gegensatz, indem Sie zum Beispiel zuerst dem Kopf und dann den Füßen Beachtung schenken. Auf schwierige Übungen sollten leichte folgen, auf die innere Wahrnehmung die äußere.

Bewegen Sie sich dann in verschiedene Richtungen und achten Sie auf Veränderungen, auf Muskelbeanspruchungen. Welche Muskeln spüren Sie, welche werden bei welcher Bewegung angespannt?

Variieren Sie die Bewegungsabläufe und das Tempo.

Richten Sie Ihre Aufmerksamkeit abwechselnd auf die linke und die rechte Körperhälfte.

Achtsamkeitsübungen sollen keinen unmittelbaren Zweck erfüllen, kein direktes Ziel haben. Das lässt sich auch im übertragenen Sinne auf das ziellose Wandern umlegen.

Das Wandern ohne Ziel fördert deshalb die Achtsamkeit, weil Sie nicht wissen, was Sie auf Ihrem Weg erwartet.

Anleitung:

Gehen Sie in eine idyllische und bislang unbekannte Gegend und wandern Sie einfach drauflos.

Halten Sie die Augen und Ohren offen. Sie werden an unerwartete Orte kommen und Ihnen wird Neues begegnen.

Achten Sie auf prägnante Bäume, Steine und Bauwerke, die Ihnen auch zur Orientierung bei der Rückkehr hilfreich sind.

Schenken Sie heute Ihren Augen Ihre Aufmerksamkeit

Dass Farben eine Wirkung auf unsere Psyche haben, ist hinlänglich bekannt. Dieser Tatsache liegt auch die Farbtherapie zugrunde. Darunter versteht man Behandlungsformen, welche sich die Wirkung der Farben auf die menschliche Psyche zunutze machen.

Bei dieser Übung wird die Aufmerksamkeit auf eine bestimmte Farbe gelenkt.

Anleitung:

Entscheiden Sie sich für einen Farbton – beispielsweise Rot.

Lenken Sie nun für einen festgelegten Zeitraum – z. B. eine Viertelstunde – Ihre Aufmerksamkeit auf alle Rottöne in Ihrer Umgebung.

Sie werden staunen, wie viele und welche Dinge Sie dadurch wahrnehmen, denen Sie sonst keine Beachtung geschenkt haben.

Variante:

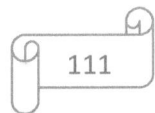

Anstatt auf unterschiedliche Farben können Sie jeweils auf geometrische Figuren/Körper (z. B. Kreis, Viereck, Kegel, Kugel, Quader) achten.

In die Stille lauschen

Ihren Ohren schenken Sie heute Ihre Achtsamkeit

Wir sind während des Tages meist einer permanenten Geräuschkulisse ausgesetzt, an die wir uns längst gewöhnt haben. Das, was wir unter Stille verstehen, ist oft gar nicht so geräuschlos. Unser innerer Filter funktioniert als Schutzmechanismus bereits so gut, dass wir viele Töne schlichtweg überhören. Ansonsten würde uns die Reizüberflutung zu sehr belasten.

Bei dieser Achtsamkeitsübung geht es um das bewusste Hinhören durch „Deaktivierung des Filters".

Anleitung:

Schließen Sie die Augen.

Atmen Sie bewusst ein und aus.

Zählen Sie nun die unterschiedlichen Geräusche und Töne, die an Ihr Ohr dringen. Sie werden staunen, wie viele Sie wahrnehmen, die in der Regel „überhört" werden (etwa Ihr eigener Atem). Auf wie viele akustische Eindrücke kommen Sie?

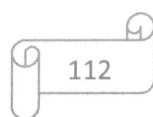

Geben Sie sich heute bewusst die Erlaubnis für einige Minuten nichts zu tun.

Wir sind es gewohnt, uns permanent zu beschäftigen oder beschäftigt zu werden. Je mehr wir beschäftigt und fremdbestimmt sind, desto schwerer fällt es, uns selbst bewusst wahrzunehmen. Je lauter die Geräusche und Stimmen von außen, desto leichter überhören wir die eigene innere Stimme.

Deshalb kann es richtig guttun, hin und wieder aus diesem Korsett auszubrechen, sich abzuschotten und in sich hineinzuhören.

Anleitung:

Versuchen Sie, täglich mindestens zehn Minuten nichts zu tun. Legen Sie sich hierzu am besten ins Bett oder wählen Sie einen anderen bequemen Platz. Kein Radio hören, kein Buch lesen – nichts!

Wenn Sie so zur Ruhe gekommen sind, nehmen Sie sich bewusst wahr: Welche Gedanken gehen Ihnen im Moment durch den Kopf, was fühlen Sie, was spüren Sie wo, ...?

Wenn Sie sich dabei wohlfühlen, machen Sie das temporäre Nichtstun zu einem Ritual, das Sie in Ihren Alltag integrieren.

Perspektive ändern

Nehmen Sie heute einmal in neugierig/achtsamer Haltung einen Wechsel Ihrer Perspektive ein.

Das gewohnte Umfeld nehmen wir meist nicht mehr bewusst wahr, weil es uns hinlänglich bekannt ist. Wenn wir allerdings die gewohnte Perspektive ändern, werden sich uns neue Facetten im bekannten Umfeld erschließen.

Altbekanntes von einer neuen Perspektive zu betrachten, kann schon gelingen, indem wir uns in eine andere Person hineinversetzen oder einen anderen „Sichtwinkel" einnehmen.

Anleitung:

Versuchen Sie, über einen gewissen Zeitraum (z. B. eine halbe Stunde) Ihre Umgebung aus der Perspektive eines Kindes zu sehen. Seien Sie neugierig. Oder stellen Sie sich Ihren aktuellen Standort aus der Vogelperspektive vor. Sicher fallen Ihnen noch weitere mögliche Sichtwinkel ein.

Oder: Laufen Sie einmal rückwärts die Treppe hinauf.

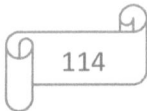

Unser Körper gibt uns jeden Tag hunderte wertvoller Hinweise. Er zeigt uns, wie es uns gerade geht. Er sagt uns zuverlässig, ob wir uns zu viel zumuten. Er lässt uns wissen, wenn wir ihn nicht richtig ernähren oder ihm zu wenig Schlaf zumuten. Haben wir Ängste oder Wut, die wir unterdrücken, macht sich das im Körper in Form von Engegefühlen oder innerer Unruhe bemerkbar.

Unser Körper weiß ganz genau, was los ist und er kommuniziert uns das recht offensichtlich. Doch wir haben uns angewöhnt, die Signale unseres Körpers zu ignorieren. Sind wir müde, ziehen wir uns einen Kaffee rein, sind wir krank, drücken wir die Symptome mit Pillen und Pulvern weg. Sind wir verspannt oder unruhig, betäuben wir diese Gefühle mit zu viel Fernsehen, Internet oder Alkohol.

Wir gehen nicht achtsam mit den Signalen unseres Körpers um. Wir haben den Kontakt verloren und können nicht mehr hören, was unser Körper uns zu sagen hat. Eine wirklungsvolle Achtsamkeitsübung ist es, wieder mehr auf den Körper zu hören. Während ich beispielsweise auf meinem Stuhl sitze und diese Achtsamkeitsübungen schreibe, bin ich mit meiner Aufmerksamkeit immer wieder in meinem Körper.

Ich spüre, dass ich leichte Verspannungen im Schulterbereich habe. Ich bleibe mit einem Teil meiner Aufmerksamkeit dort und schaue mir diese Verspannungen an. Ich drücke sie nicht weg oder lenke mich ab, sondern ich bin ganz präsent bei ihnen. Ich akzeptiere sie. Ich lasse sie da sein. Genauso fühle ich einen leichten Druck auf der Brust. Ich lasse ihn auch da sein.

Eine weitere gute Methode, um mehr Achtsamkeit in sein Leben zu holen ist es zu beobachten, wie der Körper auf bestimmte Arten der Ernährung reagiert. Wenn ich morgens eine Tasse Kaffee trinke, dann macht mich das extrem bewusst und lässt mich in meinen Körper kommen. Ich spüre ganz genau, was der Kaffee mit mir macht. Genauso merke ich, wenn ich mich zu kohlenhydratlastig ernähre, dass ich einen leichten Druck auf meinem Bauch spüre und ein eher diffuses Gefühl in meinem Kopf

Schenken Sie sich heute Vertrauen

Die eigenen vier Wände sind uns vertraut und wir fühlen uns darin sicher. Wir wissen, wo was steht, was sich hinter jeder Tür, in jeder Lade befindet. Deshalb erfordert das Bewegen in den eigenen Räumen keine besondere Achtsamkeit. Anders verhält es sich, wenn wir uns darin im Dunkeln bewegen. Dann müssen wir achtgeben.

Anleitung:

Bewegen Sie sich – z. B. für zehn Minuten, Sie können auch einen Wecker stellen – mit verbundenen oder geschlossenen Augen durch Ihre Wohnung.

Verrichten Sie dabei alltägliche Tätigkeiten.

Zehn Minuten können dabei ganz schön lang sein. Aber es ist in der Regel eine spannende und intensive Sinneserfahrung.

Variante:

Gehen Sie rückwärts durch die Wohnung, evtl. in Kombination mit geschlossenen Augen.

Schenken Sie sich heute einige Momente ganz im Hier und Jetzt zu verweilen

Der Begriff Mandala bedeutet so viel wie „vom Zentrum ausgehend". Vereinfacht ausgedrückt, sind Mandalas Bilder aus geometrischen Formen, die um einen Mittelpunkt angeordnet sind. Sie werden – in der Regel unter Zuhilfenahme einer Vorlage – gemalt, gelegt oder auch mit buntem Sand gestreut.

Es geht nicht darum, dass das Mandala möglichst perfekt und schön wird. Es muss auch nicht fertig werden, denn das Ergebnis ist nicht wichtig. Es geht vielmehr um das Malen an sich, um die Zeit mit sich selbst.

Anleitung:

Im Internet finden Sie zahlreiche kostenlose Vorlagen. Suchen Sie sich ein Mandala aus, das Ihnen auf Anhieb von den Formen oder vom Aussehen her gefällt.

Ziehen Sie sich an einen Ort zurück, an dem Sie ungestört sind und sich wohlfühlen.

Beginnen Sie mit dem Ausmalen Ihres Mandalas. Hierfür eignen sich insbesondere Buntstifte.

Denken Sie nicht lange darüber nach, welche Farben Sie für welche Form verwenden. Malen Sie einfach drauflos.

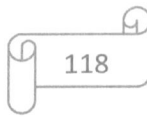

Beginnen Sie mit dem Malen von außen nach innen, also immer zum Zentrum hin.

Lassen Sie sich nicht ablenken, also kein Fernseher, kein Radio – nur Malen, gemäß dem Motto:

„Wenn du gehst, dann gehe, wenn du sitzt, dann sitze. Wenn du arbeitest, dann arbeite – wenn du ein Mandala malst, dann male ein Mandala."

Runter vom Gas!

Erlauben Sie sich heute eine Entschleunigung:

Wenn wir mit dem Auto mit „100 Sachen" durch eine schöne Umgebung rasen, werden wir diese Schönheit kaum wahrnehmen. Wenn wir hingegen langsam fahren, wird uns mehr auffallen und die Fahrt kann zu einem Genuss werden.

Bei dieser Achtsamkeitsübung geht es darum, die Durchführung gewohnter Tätigkeiten bewusst zu verlangsamen.

Anleitung:

„Bremsen" Sie immer wieder für ca. zehn Minuten Ihre Bewegungen, Ihr Tun. Gehen Sie langsamer durch das

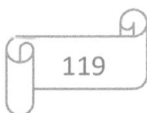

Haus als üblich, setzen Sie sich langsamer hin – was auch immer Sie tun, verrichten Sie es langsamer als gewohnt.

Aufmerksamkeit beim Gehen

Schenken Sie heute Ihren Beinen/Füssen Ihre Aufmerksamkeit:

Eine weitere, sehr effektive Achtsamkeitsübung ist die sogenannte Gehmeditation. Dabei erinnere ich mich immer wieder daran, wenn ich aus dem Haus gehe oder in der Wohnung herumlaufe, dass ich meine Aufmerksamkeit auf meine Fußsohlen richte.

Ich spüre jeden einzelnen Schritt, den ich mache. Ich nehme die unterschiedlichen Untergründe wahr, auf denen ich laufe. Ich bin dabei, wenn mein Fuß abrollt und er den Boden wieder verlässt, nur um Sekunden später die gleiche Bewegung wieder auszuführen.

Ich nehme wahr, wie unterschiedlich es sich anfühlt, wenn ich bergab oder bergauf laufe, die Treppe nehme oder eine Leiter emporklettere.

Ich bin beim Gehen präsent.

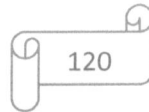

Schenken Sie Ihre Achtsamkeit den Händen und nehmen Sie heute mehrmals bewusst einen Gegenstand in die Hand.

Wir „ergreifen" tagtäglich unzählige Gegenstände, nehmen viele Dinge in die Hand, aber es kommt selten vor, dass wir etwas davon bewusst „erfühlen". Und genau darum geht's bei dieser Achtsamkeitsübung, die Sie jederzeit in den Alltag einbauen können.

Anleitung:

Nehmen Sie einen Gegenstand in die Hand – das kann ein vertrauter oder auch ein unbekannter sein.

Ertasten Sie ihn. Wie fühlt sich die Oberflächenstruktur an, welche Form hat er?

Bleiben Sie neugierig und präsent

Sie können auch jemanden bitten, Ihnen verschiedene Gegenstände zu reichen oder in einen Karton zu legen. Können Sie mit geschlossenen Augen auf Anhieb erraten, um welchen Gegenstand es sich handelt?

Versuchen Sie heute mehrmals Ihre Achtsamkeit Ihrem Gehen zu schenken

Wie sehr wir auf das Gehen angewiesen sind, merken wir in der Regel erst dann, wenn die Beine uns infolge einer Verletzung oder aufgrund des Alters nicht mehr zuverlässig tragen.

Jeden Tag legen wir zahlreiche Schritte zurück, ohne dass uns das so recht bewusst ist, denn das Gehen ist ein automatischer Vorgang, dem wir oft zu wenig Beachtung schenken.

Bei dieser Übung geht es darum, Schritte bewusst zu gehen.

Anleitung:

Gehen Sie drauflos – ob Sie in einem Raum Ihre „Runden drehen" oder im Freien, spielt dabei keine Rolle.

Lenken Sie die Aufmerksamkeit auf Ihre Schritte. Fühlen Sie den Schritttakt und nehmen Sie den Boden unter Ihren Füßen wahr.

Versuchen Sie beim Gehen zuerst die Ferse und dann die Zehen vollständig auf den Boden zu drücken, um möglichst komplette Fußabdrücke zu hinterlassen.

Sie werden merken, dass dem Gehen ein harmonischer Rhythmus zugrunde liegt – und zwar ein persönlicher, denn jeder von uns verfügt über ein individuelles Gangmuster.

Variante:

Ändern Sie Ihre Gehtechnik und treten Sie nur noch mit den Fersen auf, dann mit den Fußinnen- und Fußaußenkanten – hierbei ist allerdings Vorsicht geboten!

Selbstgespräche beobachten

Konzentrieren Sie sich heute immer wieder auf Ihren "inneren Beobachter", der Teil von uns der unsere Gedanken, Gefühle und Körperempfindungen wahrnimmt.

Wenn es dir nur ansatzweise so geht, wie mir, dann rattern fast den ganzen Tag unermüdlich Selbstgespräche durch deinen Kopf. Ich glaube, das ist vollkommen normal. Wie wir jedoch mit diesen Selbstgesprächen umgehen, macht den großen Unterschied. Wir können auf der einen Seite einfach resignieren und sie passieren lassen. Dann lenken wir uns mit hektischer Aktivität im Außen ab, treiben Extremsport oder geben uns Alkohol oder dem Fernsehen hin. Alles, um die Lautstärke dieser Gespräche ein wenig zu dämpfen.

Das hat zur Folge, dass diese Gespräche immer tiefer ins Unterbewusstsein abwandern. Zuerst nehmen wir sie einmal nicht mehr so stark wahr – das mag auf den ersten Blick verlockend klingen. Jedoch sind sie nicht weg, sondern treiben ihr Unwesen relativ unkontrolliert und weit entfernt von unserer Aufmerksamkeit. Jetzt fragen wir uns, wieso wir uns ständig so mies fühlen und haben keine Antwort darauf.

Das liegt daran, dass wir keinen blassen Schimmer haben, was da in unserem Unterbewusstsein so alles gequatscht wird. Trotzdem wirkt es auf uns. Reden wir uns tagtäglich unbewusst ein, dass diese Erde ein gefährlicher Platz ist und wir ständig auf der Hut sein müssen, dann erzeugt dies Anspannungen und schlechte Gefühle.

Wenn wir stattdessen präsent werden und unsere Gedanken aus der Beobachterrolle betrachten, anstatt uns vollkommen mit ihnen zu identifizieren, dann sehen wir ganz genau, was da in unserer "Denkmaschine" vor sich geht. Wichtig ist dabei, dass wir diese Selbstgespräche nicht bewerten und sie nicht in gut oder schlecht unterteilen. Einfach nur präsent sein und aufmerksam hinhören reicht vollkommen aus

Ziel ist es nicht sich besser zu fühlen oder Gedanken verschwinden zu lassen, sondern sie kommen und gehen zu lassen, anstatt sich mit ihnen zu verstricken.

Begegnen Sie Ihrer sportlichen Bewegung bewusst und "ehrlich"

Sport zu treiben kann eine wunderbare Achtsamkeitsübung sein. Hier müssen wir jedoch unterscheiden zwischen stumpfem auspowern und sich fertig machen, und achtsamer Bewegung.

Beim ersteren Geben wir alles, um unsere Gefühle nicht spüren oder uns nicht so sehr mit uns selbst beschäftigen zu müssen. Bei zweiteren sind wir bei jeder Bewegung vollkommen präsent und fokussieren uns darauf, wie sich unsere Muskeln bei der Bewegung anfühlen. Wir sind präsent dabei, wenn die Muskeln brennen.

Üben wir ihn achtsam aus, ist Sport eine wunderbare Methode, um uns selbst näher zu kommen und uns besser kennenzulernen

Benutze ich Sport zur Vermeidung oder um mir zu begegnen? Es geht nicht um "richtig" oder "falsch", es geht einzig um das Bewusstsein dessen, was ich tue.

„Jegliches hat seine Zeit. Steine sammeln, Steine zerstreuen."

Dieser Liedtext der Rockgruppe Puhdys bringt es auf den Punkt: Das Leben folgt dem Rhythmus von Werden und Vergehen. Nur schenken wir dieser Tatsache oft zu wenig Beachtung.

Auch unser Alltag ist ähnlich strukturiert, ohne dass uns das so recht bewusst ist. Wir kaufen Lebensmittel ein, um diese wieder zu verbrauchen, verdienen Geld, um es auszugeben, benutzen Dinge und entsorgen sie nach Gebrauch, …

Wenn Sie das nächste Mal etwas entsorgen, denken Sie daran, welchen Sinn dieser Gegenstand einmal für Sie hatte.

Diese Übung fördert das Bewusstsein für den achtsamen Umgang mit unseren Ressourcen.

Anleitung:

Nehmen Sie den Titel der Übung wörtlich und begeben Sie sich an einen Ort, an dem Sie Steine finden. Das kann der heimische Garten sein, ein Flussufer oder eine felsige Stelle in der Natur.

Sammeln Sie verschiedene Steine.

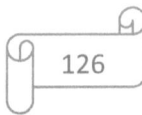

Betrachten Sie die gesammelten Steine ganz genau. Jeder Stein ist anders.

Fahren Sie mit den Fingern über die Oberfläche und riechen Sie daran. Meist duften sie nach Erde und Kalk.

Vielleicht finden Sie einen Lieblingsstein, der besonders schön geformt ist oder eine außergewöhnliche Farbe besitzt.

Beginnen Sie dann, die Steine wieder zu zerstreuen, und zwar ruhig und bedächtig.

Versuchen Sie dabei, mit den Steinen ein Muster zu werfen, eine Spirale, einen Kreis oder ein Fantasiegebilde

Stufe für Stufe

Das Treppensteigen gehört für viele zu einer täglichen Routinetätigkeit. Auch hierbei ist es möglich, Achtsamkeit zu üben, indem auf jede einzelne Stufe geachtet wird. Das Ganze kann auch mit einer bewussten Atmung kombiniert werden.

Anleitung:

Nehmen Sie langsam eine Stufe nach der anderen und richten Sie Ihre Aufmerksamkeit ausschließlich auf Ihre Beinarbeit und die Atmung.

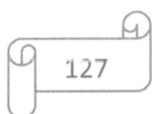

Entscheiden Sie sich für einen bestimmten Atemrhythmus und atmen Sie zum Beispiel zwei Stufen tief ein und die folgenden zwei Stufen aus.

Variante:

Ändern Sie den Atemrhythmus und achten Sie auf die Auswirkungen.

Aktuelle Tätigkeit erläutern

Im Hier und Jetzt sein, präsent bei dem, was ich gerade tue.

Einen Großteil der täglichen Tätigkeiten verrichten wir „mit links", also Tätigkeiten, die von routinierten Bewegungsabläufen bestimmt sind (z. B. Zähne putzen, Haare kämmen). Bei dieser Übung gilt es, diese „Automatik" zu durchbrechen und die Abläufe bewusst durchzuführen.

Anleitung:

Wählen Sie für diese Übung eine Tätigkeit, die zu Ihrer täglichen Routine zählt.

Wenn Sie nun diese Tätigkeit angehen, beschreiben Sie parallel in Gedanken, was Sie tun – als würde jemand neben Ihnen stehen, dem Sie jeden einzelnen Ihrer Handgriffe erklären müssten.

Eine weitere fundamentale Übung im Bereich der Achtsamkeitsübungen ist es, sich seiner Gefühle bewusst zu werden. Viele Menschen leben eines dieser zwei Extreme. Entweder, sie lassen sich von jedem Gefühl absolut und unkontrolliert mitreißen, oder aber sie unterdrücken jegliche Gefühle, bis nur noch ein diffuser Gefühlsbrei übrigbleibt. Beides klingt für mich nicht sehr erstrebenswert.

Stattdessen können wir lernen, achtsam mit unseren Gefühlen umzugehen. Wir können in die Beobachterrolle ("innerer Beobachter" = der Teil von uns der Gedanken, Gefühle und Empfindungen wahrnimmt) eintauchen und unsere Gefühle anschauen, ohne sie großartig zu bewerten. Wir können sie auf einer körperlichen Ebene spüren. Denn was wirkliches Leiden erzeugt, ist nicht das Gefühl an sich. Was manche Gefühle schier unerträglich macht, ist unsere mentale Bewertung.

Jedes Mal, wenn wir Widerstand leisten gegen ein bestimmtes Gefühl, dann entsteht wirkliches Leid.

Jedes Mal, wenn wir bestimmten Gefühlen hinterherrennen und sie sich einfach nicht mehr einstellen wollen, entsteht Leid.

Wenn wir jedoch jedes Gefühl betrachten, es willkommen heißen, es dann aber auch wieder weiterziehen lassen, üben wir uns in Achtsamkeit.

In der Beobachterrolle bist du achtsam. Spüre doch einmal in dich hinein. Was fühlst du? Spürst du dein Herz klopfen? Enge im Brustbereich? Bleib bei deinem Körper und schaue hin. Sei präsent und bewerte nichts. Spüre einfach nur. So gehst du achtsam mit deinen Gefühlen um.

Ein täglicher Zwischenstopp zum Innehalten

Oft laufen wir im Hamsterrad, ohne es zu merken. Deshalb kann das bewusste Ausbrechen aus dem täglichen Funktionieren eine enorme Wohltat sein. Also eine tägliche kurze Pause, um innezuhalten und die Welt mit wachen Augen zu betrachten.

Für diesen täglichen Innehalten-Zwischenstopp können Sie auch eine bestimmte Uhrzeit wählen und zur Erinnerung die Weckfunktion z. B. Ihres Smartphones nutzen. Das Klingeln des Telefons oder andere Geräusche aus Ihrer Umgebung.

Anleitung:

Unterbrechen Sie die aktuelle Tätigkeit, ganz egal, was Sie gerade tun (natürlich nur, soweit dies möglich ist).

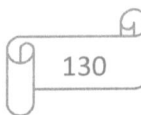

Widmen Sie Ihre Aufmerksamkeit der momentanen Situation. Denken Sie weder an Vergangenes noch an die Zukunft.

Betrachten Sie die Umgebung und lenken Sie die Aufmerksamkeit auf die Geräusche und Gerüche um sich herum.

Bemühen Sie sich, die Situation nicht zu bewerten, sondern alles so zu nehmen, wie es ist.

Mitgefühl mit sich selbst

Beschenken Sie sich heute mit Selbstmitgefühl

Seien Sie gerade heute achtsam und ganz bei sich selbst.

Immer wieder erwischen wir uns dabei, wie wir eigentlich getreu unseren inneren Werten und Vorhaben, Dinge tun oder auch nicht tun. Wir beschimpfen uns zum Beispiel, wenn wir zu viel gegessen haben und jetzt Magenbeschwerden haben. Oder lassen uns auf Diskussionen ein die wir gar nicht führen wollten, weil wir uns nicht trauen diese abzulehnen. Nehmen Einladungen an bei denen uns bereits bei der Zusage unwohl ist; vielleicht ", weil es sich so gehört".

Wann immer Sie bemerken, dass Sie mit sich unzufrieden sind, weil Sie etwas vermeintlich Falsches gesagt oder getan haben. Wenn Sie bemerken, wie Sie sich im

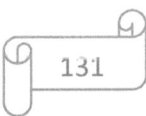

Selbstgespräch abwerten oder etwas, was Ihnen eigentlich wichtig wäre vermeiden. Dann nehmen Sie sich bewusst einen Moment Zeit, konzentrieren Sie sich auf Ihren Atem und beginnen Sie innerlich zu lächeln und sprechen Sie mit Mitgefühl zu sich selbst.

Treten Sie innerlich zurück, werden Sie sich Ihrer eigenen Werte bewusst. Und begegnen Sie sich mit Nachsicht. Es ist nicht wichtig, ob ich es "wieder einmal nicht geschafft" habe, es ist nur wichtig das es mir bewusst ist.

Mit dieser regelmässigen Bewusstwerdung/Achtsamkeit beginnt der Veränderungsprozess.

Getreu dem Sprichwort — es ist noch kein Meister vom Himmel gefallen —

Augenblicke sammeln

Gehe mit offenen Augen in den Tag und sammle die Augenblicke, die Du gerade entdeckst. Bewerte sie nicht sondern lasse sie einfach auf dich Wirken.

Bleiben Sie heute achtsam für all das, was Ihnen an Schönem begegnet - Ihr „Seelchen" hüpfen lässt.

Das kann das Lächeln eines Fremden sein, eine liebevolle Nachricht, die Sie bekommen, ein gutes Gespräch, ein Kompliment, das Sie bekommen, ein Moment, an dem Sie ein Gefühl der Zufriedenheit mit sich haben, eine schöne Stimmung in der Gruppe oder in der Natur.

Gönnen Sie sich einige Minuten der Ruhe und Entspannung.

Es lohnt sich ein Tagebuch anzulegen, in dem diese schönen Augenblicke gesammelt werden. Um darin zu Blättern in Momenten, in denen es nichts Schönes zu geben scheint, um damit wieder ein inneres Lächeln möglich werden zu lassen.

Hier noch eine kurze Geschichte

Ich erinnere mich an eine Geschichte, die ich Ihnen gerne erzählen möchte. Ich weiss nicht, von wem diese ist, aber ich finde es ist eine grossartige Erzählung, die einem bewusst macht, dass Jeder genauso, wie Er/Sie ist, richtig ist.

Eine alte Frau ging jeden Tag mit 2 Eimern zum Fluss, um Wasser zu sammeln. Sie machte beide randvoll, doch wenn sie zuhause ankam, war ein Eimer immer halb leer.
Eines Tages fragte der kaputte Eimer die Frau: «Warum behältst du mich und wirfst mich nicht weg, schliesslich bin ich alt und kaputt». Doch die Frau schaute den Eimer an und sagte: «Nun ja, es ist richtig. Du bist alt und hast Löcher, aber ist dir aufgefallen, dass auf deiner Seite des Weges Blumen wachsen und auf der anderen

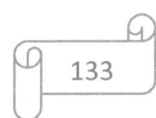

Seite ist es nicht so farbenfroh? Ich weiss, dass du Löcher hast und auf dem Weg Wasser verlierst, deshalb habe ich im Frühling auf deiner Seite des Weges Samen gesät und du hast jeden Tag Wasser darauf verloren. Die Blumen sind so schön und ich kann mir immer welche mit nach Hause nehmen und in eine Vase stellen. Das könnte ich nicht, wenn du keine Löcher hättest!»

Die Geschichte ist nicht allzu lange, dennoch sehe ich viel Kraft in Ihr.

Ich denke, dass es an der Zeit ist, Danke zu sagen. Danke an meine Frau und meine Tochter für Ihre Geduld und Unterstützung die ich, während all den Jahren erhalten habe. Es gibt kein grösseres Geschenk auf dieser Welt als die bedingungslose Liebe der Familie.

Danke an alle Ärzte, Therapeuten und Pfleger, ohne deren Arbeit ich sicher nicht so weit gekommen wäre.

Und ein letzter Dank geht an all die Menschen, die ich in dieser schweren Zeit kennenlernen durfte und die mir gezeigt haben, dass ich nicht allein bin, sondern dass es Jemanden gibt, der einen tröstet oder einfach nur zuhört. Einige von Ihnen sind gute Freunde geworden und ich behaupte, dass diese Freundschaften ewig dauern, weil wir uns in einem Abschnitt im Leben begegnet sind, der wohl das schwierigste Kapitel im Buch des Lebens ist.

SCHLUSSWORT

"Depressionen sind Scheisse" ist das Ergebnis einer langen und intensiven Reise durch die Tiefen meiner eigenen Erfahrungen mit Depression. In diesem Buch habe ich ausschließlich das festgehalten, was ich selbst erlebt und gelernt habe. Es ist mein ehrlicher Bericht, der keine Details auslässt, um anderen einen authentischen Einblick zu geben. Gleichzeitig möchte ich, dass dieses Buch als Ratgeber dient – für Patienten, Angehörige und Freunde. Es soll helfen, das Stigmata zu brechen, das noch immer zu oft mit psychischen Erkrankungen verbunden ist. Indem ich meine Geschichte teile, hoffe ich, Verständnis und Mitgefühl zu fördern, und praktische Wege aufzuzeigen, wie man mit Depressionen und deren Auswirkungen umgehen kann. Ich möchte Aufzeigen, dass es keine Schande ist, Hilfe zu suchen und offen über seine Kämpfe zu sprechen. Denn nur so können wir die Mauern des Schweigens und der Vorurteile niederreißen.

Dieses Buch zu schreiben, sehe ich als Teil meiner Genesung. Ich hoffe inständig, dass ich mit meinen Worten und Erfahrungen anderen Menschen helfen kann Ihre Depression besser zu verstehen. Auch für Angehörige von Menschen mit Depressionen, soll dieses Buch eine Stütze sein und dazu beitragen die Krankheit ein wenig besser zu verstehen und Anreiz sein, sich dem mutig entgegenzustellen. Denn nichts ist in einer Depression wichtiger als das Verständnis und das Zuhören.